应 该 知 道 的 知

军事知识一本通

修订版
课外阅读系列

军事是一个国家的灵魂，民族的盾牌。

本书编写组◎编

世界图书出版公司
广州 · 上海 · 西安 · 北京

图书在版编目（CIP）数据

军事知识一本通／《军事知识一本通》编写组编
．—广州：广东世界图书出版公司，2010．8 （2021.5 重印）
ISBN 978－7－5100－2557－0

Ⅰ．①军… Ⅱ．①军… Ⅲ．①军事－世界－青少年读物 Ⅳ．①E1－49

中国版本图书馆 CIP 数据核字（2010）第 160412 号

书　　名	军事知识一本通 JUNSHI ZHISHI YIBENTONG
编　　者	《军事知识一本通》编写组
责任编辑	康琬娟
装帧设计	李　超
责任技编	刘上锦　余坤泽
出版发行	世界图书出版有限公司　世界图书出版广东有限公司
地　　址	广州市海珠区新港西路大江冲 25 号
邮　　编	510300
电　　话	020-84451969　84453623
网　　址	http://www.gdst.com.cn
邮　　箱	wpc_gdst@163.com
经　　销	新华书店
印　　刷	北京兰星球彩色印刷有限公司
开　　本	787mm × 1092mm　1/16
印　　张	10
字　　数	120 千字
版　　次	2010 年 8 月第 1 版　2021 年 5 月第 10 次印刷
国际书号	ISBN　978-7-5100-2557-0
定　　价	38.00 元

前　　言

军事是一个国家的灵魂，一个民族的盾牌。军事力量的强弱对维护国家利益发挥着重要作用。而军事知识是一个专门的概念，但它与整个社会文化血脉相通，是文化大河中的一个支流。随着科学技术的飞速发展，信息技术在军事领域的广泛应用，使军队的武器以及作战方式和作战手段呈现出了一种新的面貌。所以熟悉军事知识同样能增强我们的文化修养。

学习军事知识，可以拓宽学生朋友们的知识领域，增强学生朋友们的国防观念和国防意识。为此，我们针对青少年学生的学习习惯和阅读兴趣，编排了此书。

本书以在学生朋友中普及军事知识、进行广泛深入的国防教育为基本目的，系统、全面和通俗地介绍了相关军事的基本知识，使之成为一部军事小百科；同时又注重文学性和趣味性，以免成为枯燥的词典。尤其是介绍到著名将领时，用的篇幅较多，文字也比较生动详细，以展现名将的个性与风采。希望学生朋友们能从他们的故事中，受到一些启发，用以激励人生，让学生朋友们在面对挑战时能勇往直前。它不仅适用于广大学生学习军事知识，而且有助于广大读者改善知识结构，提高军事、政治、文化素质。

相信在这本引人入胜的军事书籍的引导下，会有更多优秀的学生朋友对军事产生越来越浓厚的兴趣，为祖国的国防事业做出贡献！

目　录

兵器天下

枪

枪是军队的基本武器，亦是空军、海军和其他军、兵种的自卫和近战突击武器。轻武器通过军事需求牵引和技术推动，不断地改进和创新，经过长期的演变和发展，形成了各自的体系和特点，是当今军事武库中数量最多、用途最广的武器装备。根据作战使用性能，轻武器分为手枪、步枪、机枪、冲锋枪以及特种枪等。

随着科学技术的进步和作战需求的变化，轻武器不断进行着变革和改进。尤其是近几十年来，轻武器在结构原理、设计思想、生产工艺、性能和质量方面都有很大的发展，它不仅实现了高可靠性、自动化、小口径化、系列化以及点面杀伤一体化，而且大大加快了更新换代的速度。同时，新材料、新能源和信息、微电子、光电等高新技术向轻武器设计、制造领域的渗透，预示着轻武器正在发生革命性的变革。可以预见，不远的将来，轻武器会以崭新的面貌出现在战场上。

59 式手枪

59 式手枪是中国仿制前苏联马卡洛夫手枪的产品，是供指挥员和公安保卫人员在近距离上使用的自卫武器。1959 年初仿制，1960 年停产，迄今尚未正式定型，在部队装备时间最短。

全长 163 毫米，枪管长 93.5 毫米，口径 9 毫米，全重 0.81 千克，瞄准基线长 130 毫米，初速 314 米/秒，射速 30 发/分，射程 50 米，枪弹 59 式手枪弹，弹匣容量 8 发。

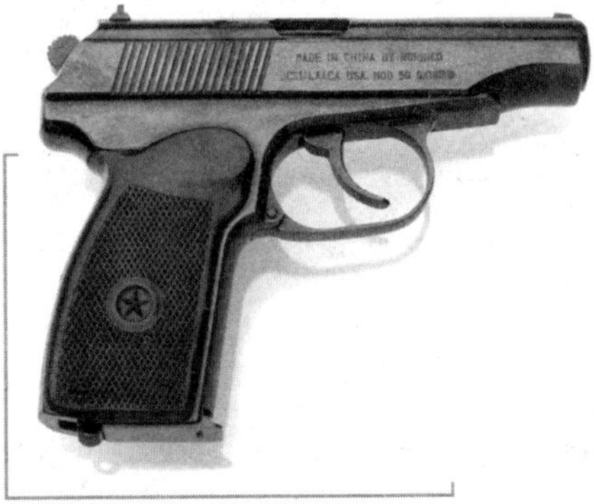

59 式手枪

64 式手枪

64 式手枪

64 式手枪是 1960 年代初，我国自行设计的第一支手枪，于 1964 年设计定型，1980 年生产定型。因其装备的对象非同一般，所以对手枪外观的要求非常严格，甚至到了苛刻的地步。该枪在设计时，既强调要满足武器内在的性能要求，又特别强调要满足外在的形式要求。

全枪长 155 毫米，枪管长 86.5 毫米，口径 7.62 毫米，全枪重 0.52 千克，供弹方式弹匣，弹匣装有 7 发子弹，初速 320 米/秒，有效射程 50 米，该枪发射 7.62 毫米手枪弹。

卢格 P08 式手枪

卢格 P08 式手枪是乔治·卢格 1900 年研制的博尔夏特手枪的改进型。采用枪管短后坐式工作原理，是一种性能可靠、质地优良的武器。德国军队于 1908 年选用了 P08 式手枪。1942 年该枪停止生产。

卢格 P08 式手枪

全枪长222毫米，枪管长102毫米，口径9毫米，全枪重量（不含弹匣）0.850千克，空弹匣重56克，实弹匣重260克，发射方式单发，供弹方式弹匣、弹鼓，弹匣装8发子弹，弹鼓装32发子弹，初速351米/秒，该枪配有V形缺口式照门表尺，片状准星，该枪发射9毫米帕拉贝鲁姆手枪弹。

柯尔特鹰式9毫米手枪

柯尔特鹰式9毫米手枪是20世纪90年代柯尔特公司推出的新手枪，除9毫米口径外，还有11.43毫米口径，两者结构基本相同。

该枪采用枪管短后坐式工作原理，既可单动，也可双动。该枪有很多优点，如当最后一发弹射出后，套筒挡铁使套筒处于空仓挂机状态，表示枪弹已经打完；待击解脱杆可使击锤显示弹膛内有一发弹，不用扣动扳机就能使击锤解除待击状态，击针保持锁定状态。

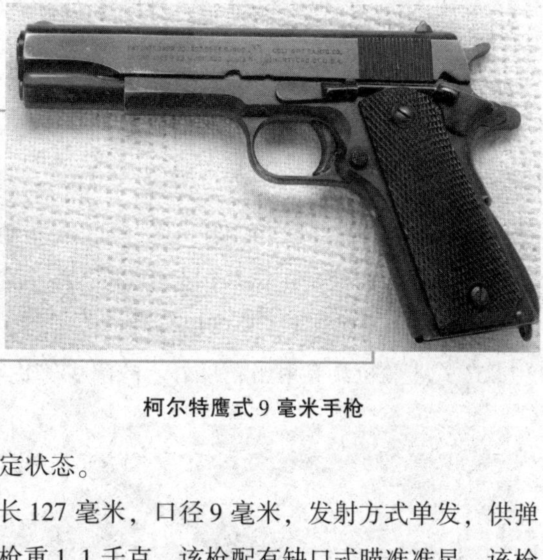

柯尔特鹰式9毫米手枪

全枪长216毫米，枪管长127毫米，口径9毫米，发射方式单发，供弹方式弹匣，容弹量8发，全枪重1.1千克，该枪配有缺口式瞄准准星，该枪发射9×19毫米帕拉贝鲁姆手枪弹。

沙漠之鹰

以色列军事工业公司的“沙漠之鹰”手枪于20世纪80年代初问世，有9毫米、12.7毫米等多种口径。沙漠之鹰的一个最大特点就是采用导气式开锁原理和枪机回转式闭锁。

9毫米口径的“沙漠之鹰”，枪管固定在套筒上，套筒在后部，内装枪机。该枪全枪长 260 毫米，枪管长 152 毫米，容弹量 9 发，配用马格努姆手枪弹。

沙漠之鹰

12.7 毫米口径的“沙漠之鹰”手枪于 1991 年首次亮相，当时的名称为“沙漠风暴”，1992 年更名为“沙漠之鹰”。该枪也和 9 毫米手枪的结构基本相同。它具有可调式扳机机构。塑料握把为整体式结构，其造型犹如一个 U 字，由一个弹簧销固定在受弹口后面，多边形枪管经精铸而成，可配备 8 倍的瞄具。

53 式步骑枪

53 式步骑枪是中国仿制前苏联 1944 式步骑枪而成的，在 1953 年开始生产。53 式步骑枪是中国从国外引进的第一批全套的枪械产品技术资料，为中国枪械的发展打下了坚实的基础。

53 式步骑枪具有射击精度好、故障少等优点，但是因为它不是自动武器，本身存在着战斗射速低、操作使用不便、全枪重量大、弹匣容量小和耐腐蚀性能差等缺点，不能适应紧急和突发战争的使用要求，因此，在部队服役时间不长即被撤换。

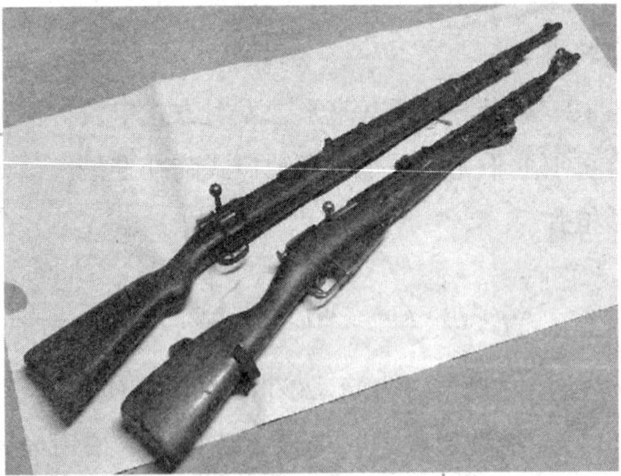

53 式步骑枪

53 式步骑枪采用的是非自动方式、枪机回转式闭锁，单发射击，5 发固定式弹仓供弹，发射 7.62

毫米53式枪弹，弹头初速820米/秒，全枪重3.9千克，全枪长1020毫米，枪管长520毫米，4条右旋膛线，战斗射速10发/分，表尺射程1000米，最大射程3000米，枪械寿命5000发。

56式半自动步枪

56式半自动步枪是中国仿制前苏联7.62毫米CKC半自动卡宾枪而成的，1956年开始生产，在部队服役达30年之久。

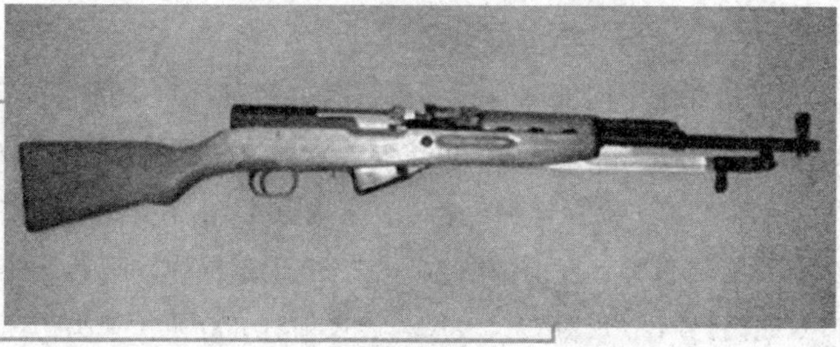

56式半自动步枪

1956年前后中国引进了前苏联的全套技术资料，对中国枪械生产线进行了较大规模的改造，仿制了：56式冲锋枪、56式半自动步枪、56式班用机枪。

因56式半自动步枪枪刺短且刚性差，木托强度也不够好，材料利用率低，采用含贵重金属镍、铬材料较多等，现在它已退役，“告老还乡”了。

56式半自动步枪自动方式采用导气式，闭锁方式为枪机偏移式，实施单发射击，用10发固定弹仓供弹，发射7.62毫米56式枪弹。全枪重3.75千克，全枪长1025毫米，枪管长520毫米，4条右旋膛线，弹头初速735米/秒，战斗射速35~40发/分，有效射程400米，表尺射程1000米，最大射程1500米。

56式冲锋枪

56式冲锋枪是中国在20世纪50年代初根据前苏联AK—47突击步枪，设计和制造的一种冲锋枪，被称为56式突击步枪，1956年完成设计定型开始制造，随后在部队服役至今。

56 式冲锋枪

56 式冲锋枪深受中国部队官兵喜爱，其在各种环境下的机构动作可靠性都很高。采用导气式自动原理，可单、连发射击。上刺刀全长 1100 毫米，不上刺刀长 874 毫米，枪管长 415 毫米，全枪重 4.52 千克，空枪重 4.03 千克，30 发弧形弹匣供弹，发射中国 56 式 7.62 毫米枪弹，瞄具是柱形准星，方形缺口双照门，"L" 形翻转式表尺，表尺射程 800 米，弹头初速 710 米/秒，理论射速 600 发/分。

64 式微声冲锋枪

64 式微声冲锋枪是中国自行设计和制造的一种新型冲锋枪，1964 年完成设计定型，主要用于侦察兵、伞兵和其他执行特殊任务的人员。

64 式微声冲锋枪

该枪采用自由枪机式自动原理，可单、连发射击。全长 843 毫米/635 毫米（托伸/托折），枪管长 244 毫米，全枪重 3.4 千克，瞄具是柱形准星、方形缺口双照门，"L" 形翻转式表尺，30 发弧形弹匣从弹，发射中国 64 式

7.62 毫米微声冲锋枪弹，表尺射程 100 米、200 米。弹头初速 513 米/秒，理论射速 1315 发/分。

81 式自动步枪

81 式自动步枪

81 式自动步枪是 20 世纪 70 年代初设计的，1981 年设计定型。它和 81—1 自动步枪、81 式轻机枪合成为 81 式枪族。

81 式自动步枪射击精度较好，机构齐全，结构紧凑，安全可靠，深受部队的欢迎。该枪自动方式采用导气式，枪机回转式闭锁，可实施单、连发射击，用 30 发弹匣供弹，弹头初速 720 米/秒，固定的枪榴弹发射具能用空包弹发射 60 毫米反坦克枪榴弹，也可用实弹发射 40 毫米枪榴弹系列。全枪重 3.4 千克，全枪长 955 毫米，枪管长 440 毫米，有效射程 400 米，表尺射程 500 米，战斗射速 45 ~ 115 发/分。

85 式微声冲锋枪

85 式微声冲锋枪是中国自行设计和制造的一种新型冲锋枪，1985 年完成设计定型，主要用于侦察兵、伞兵和其他执行特殊任务的人员。

85 式微声冲锋枪

可发射 51 式和 64 式手枪弹是 85 式微声冲锋枪的主要优点。发射 64 式手枪弹消声效果最好，噪声可减少到 80 贝，发射 51 式手枪弹时，消声效果稍差。

该枪采用自由枪机式自动原理，可单、连发射击。瞄具是片状准星，觇孔照门，翻转式表尺。此枪全长 869 毫米/631 毫米（托伸/托折），空枪重 2.5 千克，30 发弧形弹匣供弹，发射中国 64 式 7.62 毫米手枪弹时，弹头初速 300 米/秒，理论射速 800 发/分。

KH—2002 突击步枪

KH—2002 突击步枪

KH—2002 突击步枪是一种低后坐力、高精度的轻型武器，其最突出的特点是不仅可以安装两脚架，还可以上刺刀。可以换用 780 毫米、730 毫米和 680 毫米 3 种不同长度的枪管，使用 780 毫米长的枪管时，有效射程为 450 米，最大射程 2.5 千米，初速 900 ~ 950 米 8 秒，射速为 800 ~ 850发 8 分，配用长枪管、带容弹量为 30 发的空弹匣时重 3.7 千克。

反器材狙击步枪 RT—20

反器材狙击步枪 RT—20

反器材狙击步枪 RT—20 是一种威力很大的大口径狙击步枪，既能打装甲车，也能打直升机。

RT—20 采用了工艺先进的枪管、优异的瞄准镜和完善的制退系统，具有很高的射击精度。它发射的高爆炸药和反装甲子弹都适用于防空。反装甲子弹不单可击毁敌仪器设备

（反器材），还能有效地对付加强了装甲防护的步兵战车。全长 1.33 米，枪管长 920 毫米，连同瞄准镜和双脚架重 19.2 千克，单发手动装弹，最大有效射程 1.8 千米。14.5 毫米反装甲子弹重 130 克，射击初速 850 米/秒。是一种火力威力大却后坐力小的反器材步枪。

"杰帕德"狙击步枪

匈牙利制造的"杰帕德"狙击步枪，远射精度高，结构简单实用。

"杰帕德"狙击步枪

从口径上分，有 12.7 毫米"杰帕德"和 14.5 毫米"杰帕德"。从装填方式看，有单发装填式"杰帕德"和半自动式"杰帕德"。半自动式结构特征与单发装填式类似，但在长度上增加了加长型号。从枪托上说，它又分有托型和无托型两种。基本型"杰帕德"枪长 1.5 米，枪管长 1.1 米，枪重 18 千克。可调式两脚架固定在枪身中部，将枪管吊起。前握把位于脚架后方约 30 厘米处，其下方延伸出长度可调的后支架。前握把位置上方是瞄准镜座，两个靠螺栓紧固的环架箍住瞄准镜的细部。该枪配用匈牙利生产的 12×60（表示放大倍率 12 倍，物镜直径 60 毫米）光学瞄准镜，采用屈光式结构，内充惰性气体。

狙击步枪 DSR—NO.1

狙击步枪 DSR—NO.1 的设计理念非常独特，枪管与两脚架并没有连接在一起，而是"悬垂"于两脚架之上，这使它的两脚架可以大幅度地作 3 轴运动。枪托长度可调节，其尾部有手柄。手柄的支撑架可触地，成为第

"三条腿"。它有两个弹匣，扳机后面的是射击用的，扳机前面的是备用的。它能使用4种口径枪管，变换口径只需调换与之相配的枪管、枪机、枪机卡笋及弹匣即可。它就是DSR—NO.1狙击步枪，由德国著名的AMP技术服务公司研制。

狙击步枪DSR—NO.1

DSR—NO.1狙击步枪零部件采用新材料制造，主要材料包括铝合金、钛合金、不锈钢以及增强玻璃纤维材料。枪长990毫米，重约5.9千克，它可同时安装昼夜瞄准设备，射击精度非常高，它的扳机设计科学，能防止在装枪时不慎触动扳机造成走火。

SPAS 15 MIL战斗霰弹枪

SPAS 15 MIL（SPAS是特种用途自动霰弹枪的缩写）是一种纯粹的军用武器，在设计构思和结构上都承袭了突击步枪的衣钵。

该枪的外形有点像比利时FNC突击步枪，内部结构也类似常规步枪。它采用导气式自动原理，旋转枪机闭锁，开膛待击，能半自动和泵动射击，通过泵动握套（护木）上的一个按钮可随时转换射击方式。

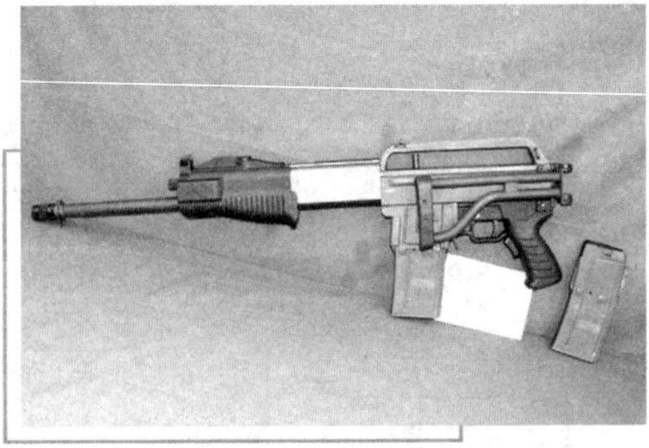
SPAS 15 MIL战斗霰弹枪

SPAS 15 MIL口径为12号，可发射系列化的军、警两用弹药。其发射的标准鹿弹（一种铅弹子）在40米距离上的散布直径为900毫米，即使概略瞄准时命中率也很高，弹丸40米存能比7.65毫米手枪弹在同样距离的存能还高50%。其发射的独头弹与7.62毫米NATO弹终点能量相当，同口径的催泪弹和超口径的榴弹射程均可达150米。该枪空枪重3.9千克，全枪长91.5厘米，供弹方式为弹匣（6发）式。

05式5.8毫米轻型微声冲锋枪

国产05式5.8毫米轻型微声冲锋枪，是一种国产新型单兵自动武器，可以广泛列装我军特种兵。该枪主要以单发和点射火力杀伤150米以内敌有生目标，具有结构简单、体积小、重量轻、精度好、近距离火力强、弹匣装弹多，携带使用方便等特点。

05式5.8毫米轻型微声冲锋枪

05轻型微声冲锋枪口径5.8毫米，初速321米/秒（微声弹），全枪长49.9厘米，配用5.8毫米微声弹，和DAP 92式5.8毫米手枪弹两种弹种，DAP 92式5.8毫米手枪弹只能在轻型冲锋枪（卸下消声器状态下使用），重量2.18千克，一个弹匣可装50发子弹，便于在战斗中保持续火力压制。

德国4.7毫米G11无壳弹步枪

德国4.7毫米G11无壳弹步枪于1977年参加北约小口径步枪选型试验失败以后，1986年又重新露面，现少量配发给德国特种部队。这支枪的最大特点是枪弹无壳，采用高燃点发射药柱，将弹头包络其中，从而节省了金属材料。再者，机匣用碳素纤维增强聚酰胺，表面光滑，并具有防尘、防水，密封性好、命中精度高、故障率低，带弹量多等特点。枪机非同常规，没有往复式机构，也没有闭锁装置，而代之以一种可以旋转的转轮，称旋转枪机。

该枪使用枪弹4.73×33DMll无壳弹，自动方式导气式，供弹方式弹匣，弹匣装有50发子弹，横于机匣上方，枪长752.5毫米，枪管长537.5毫米，枪重3.65千克，初速930米/秒，点射理论射速2200发/分，有效射程300米。

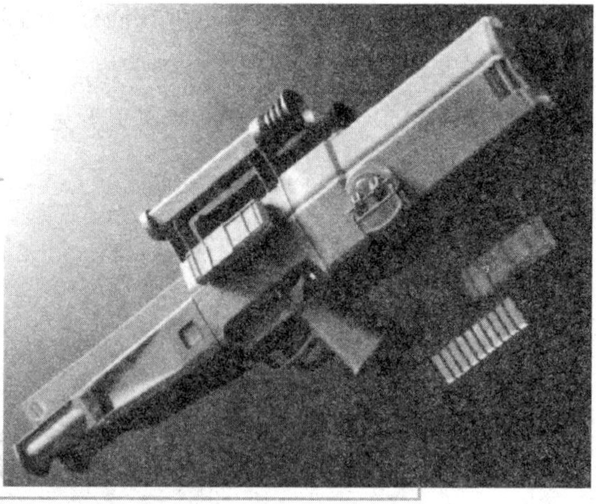

德国4.7毫米G11无壳弹步枪

火炮

火炮是以火药为能源发射弹丸，口径在20毫米以上的身管形射击武器。由炮身和炮架两大部分组成。炮身部分由身管、炮闩等组成，用于炮弹发射与装填等；炮架部分由反后坐力装置、炮身俯仰转向装置等组成，用于固定、调整炮身、瞄准和运动等。种类繁多，按照用途可分为地面压制火炮、高射炮、坦克炮等；按照弹道特性可分为加农炮、榴弹炮和迫击炮；按照运动方式可分为自行火炮、牵引火炮；按照炮膛可分为线膛炮和滑膛炮。可用于歼灭、压制敌方有生力量和火力，摧毁防御工事和其他设施的任务，并能用于完成特殊射击任务。

在宋代，中国已能制造火铳了，欧洲是14世纪开始使用火炮的。17世纪，伽利略的弹道抛物线理论和牛顿的空气阻力理论推动了火炮的研制和发展。第一次世界大战中，作战双方人员、武器装备、建筑物等损失的58%是由火炮造成的。20世纪30年代，专用火炮大量出现，如航空机关炮、舰炮、反坦克炮等。现代火炮正在向射程远、射速快、威力大与精度高、机动性强等方面发展，大量高新技术的应用使得火炮更加具有“战争之神”的威力。

在现代战争中，火炮是对地面、对空中、对海上之敌的重要火力突击力量。因为它具有：

（1）强大的火力：火炮不仅有较快的发射速度，而且炮弹的威力要比枪弹大得多，一般炮弹的重量要比枪弹重千百倍，并在击中目标后能爆炸。因此，火炮能摧毁敌人的飞机、舰艇、坦克、工事和重要建筑物，或杀伤敌人的有生力量，或给敌人精神上的震撼，以挫伤敌人的士气。

（2）远大的射程：火炮的射程，一般可达几千米、几十千米，而火箭、导弹的射程则更为远大。因此，炮兵可以不转移阵地而连续、有力地支援步兵和坦克作战。

（3）良好的射击精度：除火炮有精密的瞄准装置外，还有各种指挥、侦察、计算等精密仪器，以确保炮弹能准确地命中目标。

（4）较高的机动能力：火炮的机动能力表现在火力方面的，是由于火炮的射程远、射界广阔、转动灵活，能及时、广泛地实施火力转移。

此外，为了迅速转移发射阵地，一般火炮都配备有摩托化或机械化搬运工具，既可以迅速地集中打击敌人，又可以及时分散，避免敌人袭击；由骡马驮载或人力搬运的火炮，能通过各种比较复杂的地形，紧密配合步兵作战。

火炮虽有以上优点，也有炮身重，易受气象、地形等条件限制，需要一定的射击准备时间等弱点，须与其他兵种密切协同作战，才能发挥它的威力。

无坐力炮

无坐力炮的炮尾，有四个喷孔，发射时，药筒内的火药气体经药筒小孔到药室，再从喷孔喷出，以消除后坐。因此，它就不需要有制退（减小后坐）装置，具备构造简单、重量轻、搬运和操作方便等特点，适于伴随第一线步兵作战。

无坐力炮弹道低伸，精度较好，配用直接、间接二用瞄准镜，以直接瞄准为主，特别是在直射距离内（约400米），无论对不动的或运动的目标射击，都能获得良好的效果。此外，能使用破甲弹击毁敌人坦克及其他装甲车辆，摧毁轻型野战工事及火力点，用榴弹杀伤暴露的有生力量。

由于炮尾喷火，发射时尘土飞扬，夜间火光显著，易于暴露阵地，遭受敌人袭击，因此在战斗前，应隐蔽进入阵地，严密伪装；战斗发起后，近距离开火，并在适当时机转移阵地继续射击。

无坐力炮

加农炮

加农炮

加农炮的炮身长度为口径的28倍以上，初速为700～1500米/秒，是一种弹头飞行速度快，弹道低伸，射程又远的火炮。用它可以射击敌人的运动速度较快的坦克、车辆及舰艇，摧毁各种直立的工事设施，或一般火炮打不到的敌人后方的重要目标。

100毫米以下的加农炮，有半自动装置的炮闩，发射速度快、穿甲力强，是对敌坦克射击的有力武器。

迫击炮

迫击炮是一种曲射的滑膛炮，它的炮身长度不大于口径的12倍，初速150～300米/秒，射角为45°～83°。因此弹道弯曲、落角大，能射击隐蔽物后面、反斜面、洼地内的目标；特别是压制（歼灭）敌人的有生力量和火器最为有效。

迫击炮可用改变装药的方法来改变弹道。只用基本药管发射炮弹，叫“零号装药”，加上一个药包，叫“一号装药”，加上两个药包，叫“二号装药”，以此类推，一直到“六号装药”。装药量越大，射击距离越远。

迫击炮

迫击炮构造简单、重量轻，操作简易，发射速度快，便于选择发射阵地和进行伪装，利于伴随战斗分队运动。

高射炮

高射炮能在方向上转动360°，高低射界约为90°，而且转动灵活，起落快，瞄准迅速，射击速度快，能多门火炮齐发齐停，行军中投入战斗，只需30秒钟即可完成射击准备，是对付空中目标的有力武器，用以射击敌人飞机、伞兵、气球（如侦察气球等）、导弹等。必要时也可对地面及水上目标射击。

高射炮

现代高炮分大、中、小三种口径，它们分别对付高、中、低三层空域的目标，以形成对空射击的火力网，使敌机象窜入火海里的野鸡一样，被烧成灰烬。

A100 多用途远程火箭炮

A100 多用途远程火箭炮系统是一种具备快速反应能力的简单制导火箭系统，它具有射程远、杀伤力大的特点，主要用于打击敌方军事基地、装甲集群、导弹阵地、机场等重要目标。

A100 多用途远程火箭炮

由指挥车、运输/装填车、火箭发射车构成。

弹径长 30 厘米，弹长 72.76 厘米，全重 840 千克，最大射程 85 ~ 120 千米，最小射程 40 ~ 50 千米，最大射程的命中精度小于等于 1/300，战斗部重量 235 千克，火箭弹容量 10 枚，发射准备时间 7 分钟，重填间隔 20 分钟，最大速度 80 千米/时，弹架寿命 10 年。

PF98 式 120 毫米反坦克火箭

PF98 式 120 毫米反坦克火箭分为营用和连用两种。营用反坦克火箭主要由发射筒、火箭弹、击发机、简易火控系统、营用微光瞄准镜和营用三脚架组成。连用反坦克火箭由发射筒、火箭弹、击发机、连用瞄准镜、连用微光瞄准镜和连用三脚架组成。最大单件重（发射筒）不大于 10 千克。最大射程（多用途弹）1800 米，营用型有效射程为 800 米，连用型 400 米，发射速度 4 ~6发/分。方向射界 360°，高低射界 -6° ~ +30°，反应时间不大于 10 秒。

PF98 式 120 毫米反坦克火箭弹包括破甲火箭弹和多用途火箭弹两种，弹径 120 毫米。破甲火箭弹具有破坏反应装甲、主装甲及杀伤有生力量的能力，主要用于对付敌坦克等装甲目标，也可用于对付火力点。多用途火箭弹具有破甲、杀伤、燃烧作用，主要用于摧毁敌步兵战车、轻型装甲车辆、火器、装备，杀伤暴露的有生力量，也可用于破坏轻型野战工事和坑道。

PF98 式 120 毫米反坦克火箭

破甲火箭弹重6.28 ±0.05千克，采用串联式破甲战斗部结构、等壁厚锥角60°的紫铜药型罩，装聚黑—2 精密压制药柱。当战斗部碰击披挂有反应装甲的目标时，处于战斗部前端的前级战斗部探杆部件内、外罩闭合，接通引信电源，并使前级引信引爆前级的装药，击爆反应装甲；经过引信精确延时，在保证反应装甲被击爆后、对主装药形成射流的干扰基本排除的情况下，再引爆主装药，形成主射流对装甲进行侵彻，达到最佳破甲效果。破甲弹的初速为 246 米/秒，最大破甲厚度 800 毫米，在 68°着角时的破甲厚度为 230 毫米。

多用途弹重 7.6 ±0.05 千克，战斗部采用自锻破片破甲技术，内装聚黑—2炸药，采用等壁厚锥角 140°的药型罩。多用途弹的初速为 205 米/秒，在 55°着角时的破甲厚度为 400 毫米，而且随进 120 个以上的直径为 5.5 毫米的钢珠和可燃金属锆，具有燃烧作用，其密集杀伤半径为 25 米。可对目标实现穿甲、杀伤、燃烧等多种毁伤效果。

营用反坦克火箭简易火控系统主要由光学瞄准系统、激光测距系统、弹道解算系统、LED（发光二极管）光点系统、插轴连接机构等组成，用于激光测距、自动解算射击诸元、自动装定射击诸元和自动显示瞄准点。实战中，瞄准手将镜内光点对准目标即可，当目标出现后，可在 10 秒钟内确定出射击开始诸元并进行射击，大大提高了火力反应速度和射击效果。

营用微光瞄准镜主要用于在夜间借助微弱的星光和月光进行侦察、跟踪、测距、瞄准。

连用瞄准镜由可变闪光电路盒、光学瞄准镜管和俯仰镜体三大部分组成，用于在白天观察、跟踪、瞄准目标。

T 73 式 60 毫米迫击炮

该炮是仿照美军 M19 式 60 毫米迫击炮生产的，主要装备步兵连迫击炮排和陆战连火力排，用于为分队提供近距离火力支援。

主要性能特点是重量轻，便于携带，发射速度较快，配用弹种多，适于山地、丛林地等复杂地形使用。

口径 60 毫米，最大射程 1830 米，最小射程 45 米，初速 157 米/秒，最大射速 30 发/分，持续射速 18 发/分，高低射界 45° ~ 85°，方向射界（不移动脚架）14°，杀伤面积 9 米 × 18 米，全炮重 21.03 千克，炮身重 7.25 千克，炮身长 0.762 米，炮架重 7.42 千克，座钣重 2.03 千克，配备的弹种有 M49A2 榴弹、M83A2E 照明弹、烟幕弹，弹重 1.36 ~ 1.83 千克。

M29 式 81 毫米迫击炮

美国 20 世纪 40 年代开始研制的 81 毫米迫击炮，研制定型后称 M29 式 81 毫米迫击炮。该炮于 1951 年开始装备，M29A1 式迫击炮于 1970 年定型并装备部队。其主要装备美军步兵连和空中突击连，用于杀伤有生力量、施放烟幕和照明。

M29 式 81 毫米迫击炮

主要性能特点是射程远，射速快，威力大。重量轻，便于机动，对复杂地形适应能力较强，有较好的配套改进性能。

口径 81 毫米，配备的弹种有 M36A1 式榴弹、M374A2 式榴弹和 M374A3 式榴弹，初速 264 ~ 268 米/秒，最大射程 3987 米、4595 米和 4800 米，最小射程 46 ~ 72 米，最大射速 25 ~ 30 发/分，持续射速 5 ~ 13 发/分，炮身长 1295 毫米，高低射界 45°～84.4°，方向射界（不移动脚架）10°，铝制座钣的全炮重 44.55 千克，钢制座钣的全炮重 54.98 千克。

T86 式 120 毫米迫击炮

T86 式 120 毫米迫击炮，是大口径迫击炮。其主要用于取代过于笨重的 T62 式 107 毫米迫击炮，其主要性能是射程远，威力大。该炮最大射程达 9300 米，能够满足步兵对直接支援火力的需要。射速较快，每分钟可发射 15 发炮弹，火力密度和火力持续能力较强。配有小型炮车，能够以人力或者车辆牵引实施快速机动。口径 120 毫米，身管长 2148 毫米，最大射速 15 发/分，最大射程 9300 米，初速 450 米/秒，战斗全重 240 千克，炮车重量 200 千克，高低射界 45°～80°，配用弹种 TC63、TC86 式 120 毫米高爆弹、TC86 高爆弹，弹重 14.8 千克，弹长 758 毫米，装药 2.8 千克 TNT 或者 B 炸药，引信是碰炸引信，配用 M53、TS86 式瞄准具。

T86 式 120 毫米迫击炮

T 75M 式 20 毫米机关炮

T75 式 20 毫米机关炮，是多用途速射炮。其主要性能是射速快。该炮每分钟最大射速达 1200 发，可形成较大火力密度，压制效果较好，威力较大。初速达到 1030 米/秒，200 米距离上可击穿 45 毫米钢板，对轻装甲目标威胁大。机动能力强，采用 M988 底盘，对地形适应能力较强，可在复杂地区使用。

口径 20 毫米，全炮重 85 千克，射速分别是单发、3 发、400 发、800

发、1200发/分，初速1030米/秒，有效射程2000米，初速达到1030米/秒，在200米距离上可击穿45毫米钢板，弹箱可容200发炮弹。

M109型自行榴弹炮

M109型自行榴弹炮是世界上装备数量和国家最多、服役期最长的自行榴弹炮之一。在其服役的20世纪60～90年代，M109一直进行着改进，使其始终保持着先进的水平。尤其是其最新的M109A6“游侠”，由于对火控系统进行了很大的改进，是美军电子化作战的标准火炮配备，是重型机械化部队主要的火力支援武器。

M109型自行榴弹炮

M109原型主要数据：车长（炮向前）9.12米，车宽3.15米，车高2.8米，战斗全重24～25吨，配备的火炮是M126型155毫米榴弹炮，23倍身管，寿命2500发，半自动输弹机，射速1发/分，短时间可达到3发/分。高低射界为-3°～+75°，弹药是炮弹基数28发，分装式。包括榴弹、子母弹、化学弹、布雷弹、照明弹、烟幕弹、核弹和“铜斑蛇”激光制导炮弹。其射程（榴弹）是14.6千米，辅助的武器是12.7毫米高射机枪，弹药基数500发，装有298千瓦的二冲程水冷涡轮增压柴油机，最大时速56.3千米/小时，最大行程354千米，装甲厚度20毫米。

M56式榴弹炮

M56式榴弹炮是意大利于1957年研制定型的一种105毫米牵引榴弹炮。改型榴弹炮由炮身、炮架、和瞄准装置等部分组成，机动性强，可用轻型汽车牵引或直升机吊运，适用于山地、丛林地作战，又适用于反坦克，还可做迫击炮使用，是一种多用途火炮。

M56 式榴弹炮战斗全重 1290 千克，发射初速 472 米/秒，最大射程 10.6 千米，持续射速 4 发/分，该炮可发射美国 M101 式 105 毫米榴弹炮的弹药及其他北约标准 105 毫米榴弹炮的弹药，其中包括 M1 式弹，全弹重 18.12 千克；M67 式破甲弹，重 16.78 千克，初速为 318 米/秒，可穿透 102 毫米装甲。

M56 式榴弹炮

87 式高射炮

87 式高射炮

87 式高射炮式日本于 1965 年开始研制的一种 35 毫米双联装自行高射炮。由炮身、摇架、反后座装置、高低机、方向机和装填机等部分组成，底盘采用日本 74 式主战坦克底盘，因此具有较强的机动性。该型高射炮装备了较先进的火控系统，该系统包括搜索雷达、跟踪雷达、激光雷达、电视摄像跟踪系统等多种装置，具有较强的抗电子干扰能力，但使用和维修较复杂。87 式高射炮初速 1175 米/秒，最大射程 12.8 千米，最大射高 0.6 千米，射速 2×550 发/分。最大时速 53 千米/时，最大行程 300 千米。

野猫高射炮

“野猫”高射炮是德国于1977年开始研制的一种30毫米双联装自行高射炮。该型高射炮由30毫米机关炮、雷达、火控系统、计算机和轮式装甲车体组成，具有较高机动性，可空运，由三防能力，火控系统可根据用户需要进行选装。该型高射炮战斗全重18500千克，炮弹初速1040米/秒，最大射程6.5千米，最大射高4.8千米，射速2×400发/分。最大时速80千米/时，最大行程600千米。

“鲨鱼”反坦克炮

“鲨鱼”反坦克火炮是瑞士研制的一种105毫米自行反坦克炮。该型反坦克炮是世界上第一种安装高膛压低后坐力炮身的轮式自行反坦克炮“鲨鱼”反坦克炮战斗全重21000千克，最大时速100千克/时，最大行程500千米。

G6式榴弹炮

G6式榴弹炮是南非于1988年研制定型的一种155毫米自行加榴炮。该炮采用自紧身管，身管长45倍口径，装有抽烟装置、炮口有蘑菇型制退器，炮塔可全方位旋转。装备有电子初速测定仪、激光测距机、炮口基准装置、半自动装填系统和先进的射击控制系统等。底盘为轮式装甲车底盘，射击时通过液压动力驱动装置将底盘的4个支撑座放下。该型加榴炮的优点是射程远，行驶速度快，防地雷性能好。弱点是弹药手需到车外取弹。G6式榴弹炮战斗全重46吨，发射榴

G6式加榴弹炮

弹时初速 897 米/秒，最大射程 30.8 千米，持续射速 4 发/分，可发射榴弹炮、发烟弹、照明弹、弹底排气弹和黄磷弹等常规弹药。最大时速 90 千米/时，最大行程 600 千米。

75 式火箭炮

75 式火箭炮

75 式火箭炮是日本于 1965 年研制的一种 130 毫米 30 管自行火箭炮。该型火箭炮由发射装置、地面测风装置、瞄准装置、运载车和火箭弹等部分组成。运载车为专用履带车，发射装置为发射框架式，可单发射击，也可连发或齐射，连续发射的间隔时间 0.2 ~ 0.5 秒。发射装置由电力操作，紧急情况下也可人工操作。驾驶舱顶部安装一挺大口径机枪，用于自卫和防控。75 式火箭炮战斗全重 16500 千克，最大射程 15 千米。最大时速 53 千米/时，最大行程 300 千米。

坦　克

中国使用战车作为战争工具，历史很久远。早在公元前 1000 多年的夏代就有了。西周和春秋时代是车战最盛时期。步、骑兵兴起后，车战渐废，秦汉以后间有使用。到了明代，明军曾将火器装备于车上，以用以冲击敌阵和抵御敌骑兵的冲锋，并创立了建制的战车部队。不过，中国历史上的战车，一直是封建经济的手工业生产基础上的产物，以致在 3000 多年的时期里，得不到新的发展，始终是以木板、皮革、布类为防护甲，以人、畜为动力，装备的早期火器，杀伤破坏力也都不大，在战争中的作用，极为微小。

现代战车又名坦克，是第一次世界大战中适应战术的要求，在汽车和装甲车的基础上发展起来的。它是一种全部装甲、有旋转炮塔和装有火器的履带式战斗车辆。运动速度快，越野性能好，装甲防护力强，具有强大突击力。按其重量分为轻型、中型、重型三种。

第一次世界大战时，坦克重 7～28 吨，装有 1～2 门中小口径、低初速火炮和数挺机枪或仅装机枪，最大时速 6～13 千米，最大行程 35～64 千米，装甲厚度 5～30 毫米。由于当时技术条件的限制，坦克的性能还很差，仅能用于直接支援步兵作战。

到第二次世界大战时，坦克的技术性能有了明显提高。中型坦克使用最广泛，一般重 32～45 吨，火炮口径 57～85 毫米，装甲厚度 38～100 毫米，功率 500～700 马力，最大时速 46～55 千米，最大行程 200 千米（有的达 400 千米）。两次世界大战中，坦克经受了各种复杂条件下的考验，成为地面作战的主要突击兵器。

中国军队最早装备坦克是在 1929 年，国民党军队组建的战车队，装备了 18 辆英制坦克。抗日战争前，国民党军队装备的坦克主要是轻型坦克，如意大利造菲亚特式、法国造雷诺式等。

菲亚特式小型战车

菲亚特式小型战车由 2 人操作，装备为 7.9 毫米机枪 2 挺，装甲厚度 5.1～12.7 毫米，发动机功率 40 马力，最高时速 41.84 千米，平均时速 21.14 千米；攀登坡度 45°，跨越宽度 1.88 米，超越高度 0.71 米，涉水深度 0.5 米，勤务半径 54.7 千米。

雷诺式小型战车

雷诺式小型战车，由 2 人操作，装备为 7.9 毫米机枪 1 挺，装甲厚度 7.1 毫米，发动机功率 35 马力，最高时速 29 千米，平均时速 24 千米；攀登坡度 20°，跨越宽度 1.47 米，超越高度 0.43 米，涉水深度 0.56 米，勤务半径 48 千米。

雷诺式小型战车

苏制 T—26B 式坦克

T—26B 式坦克，由 3 人操作，装备为 45 毫米坦克炮 1 门，7. 62 毫米机枪 1 挺，装甲厚度 6 ~ 16 毫米，发动机功率 90 马力，最高时速 32 千米，平均时速 18 千米；攀登坡度 30°，跨越宽度 2 米，超越高度 0. 8 米，涉水深度 0. 8 米，勤务半径 65 千米。

苏制 T—26B 式坦克

59 式坦克

59 式坦克，由 4 人操作，车全长 9 米（炮向前），车宽 3. 27 米，车高 2. 4 米（至炮塔顶），车底距地高 0. 42 米，最大公路速度 50 千米/时，平均公路速度 30 ~ 33 千米/时，最大公路行程 440 千米，最大爬坡度为 30°，最大侧倾坡度为 30°，越壕宽 2. 7 米，越垂直墙高 0. 8 米，涉水深 1. 4 米，潜水深 5. 5 米，主用武器为 1 门 100 毫米线膛炮。

69 式坦克

59 式坦克

69 式坦克，由 4 人操作，车全长 9.125 米（炮向前），车宽 3.27 米（不带裙板），车高 2.4 米（至炮塔顶），发动机功率 580 马力，主用武器为 1 门 100 毫米滑膛坦克炮，辅助武器为 1 挺 12.7 毫米高平两用机枪、1 挺 7.62 毫米并列机枪和 1 挺 7.62 毫米航向机枪，最大公路速度 50 千米/时，平均公路速度 32～35 千米/时，最大公路行程 440 千米，最大爬坡度为 32°，最大侧倾坡度为 30°，越壕宽 2.7 米，过垂直墙高 0.8 米，涉水深 1.4 米。

79 式坦克

79 式坦克

79 式坦克，由 4 人操作，车全长 9.22 米（炮向前），车宽 3.27 米（不带裙板），车高 2.40 米（至炮塔顶），武器系统为 1 门 105 毫米线膛炮（备弹 44 发）、1 挺 12.7 毫米高平两用机枪（备弹 500 发）、1 挺 7.62 毫米并列机枪和 1 挺 7.62 毫米航向机枪（共备弹 2250 发），最大公路速度 50 千米/时，平均公路速度 32～35 千米/时，最大公路行程 360～400 千米，最大爬坡度为 32°，最大侧倾坡度为 30°，越壕宽 2.7 米，过垂直墙高 0.8 米，涉水深 1.4 米，潜渡深 5 米。

T—72 主战坦克

T—72 主战坦克

1974 年装备苏联部队。T—72 有许多改型，技战术性能各有不同。其中苏军自装备型号有 T—72A，T—72AB，T—72B，T—72BM 等；乘员 3 人，战斗全重 41 吨，车长 9.53 米（炮向前），车宽 3.46 米，车高 2.19 米，配有 1 门 2A26M 型滑膛炮，口径 125 毫米，备弹 39 发，自动装弹机，1 挺 7.62 毫米机枪和一挺 12.7 毫米机枪，弹药有穿甲弹、破甲弹；该坦克的火控系统是机电模拟式弹道计算机，光学测距瞄准镜。夜间观瞄设备包括主动红外和激光。最大速度 60 千米/时，最大行程 500 千米（带辅助油桶）。

90 式坦克

日本战后第三代主战坦克。1990 年定型。90 坦克火控系统的高度逻辑演算能力使其具备了自动跟踪目标的独特能力。据称以 30 千米/时机动的 90 坦克能在 2000 米距离上准确命中一个汽油桶大小的目标，就可见其精准度。

90 式坦克

乘员3人，战斗全重50吨，车长9.7米，车宽3.4米，车高2.3米，配有120毫米滑膛炮，1挺12.7毫米机枪，2挺7.62毫米机枪，1台二冲程水冷增压柴油发动机，发动机功率1500马力，最大速度70千米/时，最大行程300千米。

M1系列主战坦克

M1系列主战坦克1981年定型，该坦克在设计时，特别强调了乘员的生存力，其次才是观察和捕捉目标能力及首发命中率等要求。

M1系列主战坦克

M1系列主战坦克炮塔和车体各部分和装甲厚度不等，最厚达125毫米，最薄为12.5毫米，相差10倍。首上装甲钢板的厚度自下而上逐渐增厚，为50~125毫米。战斗全重57吨，车长9.828米，车宽3.653米，车高2.438米，乘员4人，配有120毫米滑膛炮，可发射贫铀穿甲弹，1门40毫米榴弹发射器，1挺12.7毫米机枪，2挺7.62毫米机枪，1台功率为1500马力的AGT燃气轮机。最大速度67千米/时，最大行程465千米。在安装通气筒后可潜渡2.38米深水。

阿德瓦克锤击式扫雷坦克

该坦克的扫雷器固定在装甲战斗车辆上，通过螺栓连接，用1个转接架固定在载车的现有牵引钩和吊钩上。主要部件有动力装置、液压和电连接件、转筒和扫雷部件以及控制装置。转筒直径为165毫米，转速为250转/分，输入功率为120马力，转筒上有6排72根链枷，每根的有效长度为1.22米，相邻两排链的中心距为50毫米。当转筒转动时，其上的链枷尖端打击地面。无论地面形状和表层如何，一种自动控制系统能保证链枷尖端穿入地面的深度保持不变。该扫雷器能清理1条宽3.66～4.66米，最大扫雷深度可达915毫米的通道。该系统能经受住当于10千克TNT的地雷爆炸，链枷尖端寿命为30～50小时，而链枷本身寿命约300小时，驱动皮带和轴承的寿命约200小时。

阿德瓦克锤击式扫雷坦克

63A 水陆两栖坦克

63A 水陆两栖坦克

中国63A水陆两栖坦克是63式水陆两栖坦克的一个根本地改良的改型。63A水陆两栖坦克车体及炮塔均为合金制造，炮塔可360°旋转，炮口能上下摆动，履带、车轮均可以灵活转动，所有舱门均可以灵活转动，所有舱门均可打开，防浪板可以自由打开或关闭，乘员4人，战斗全重38吨，车长9.3米，车宽3.4米，车高2.3米。105毫米线膛炮，可发射穿甲弹、破甲弹、碎甲弹，共44发。一挺7.62毫米机枪和一挺12.7毫米高射机枪，1台730马力的1215L—7BW式涡轮增压柴油机。最大速度57千米/时，最大行程500千米，最大爬坡度32°。

PT—76 轻型水陆两栖坦克

PT—76 轻型水陆两栖坦克

苏联 PT—76 轻型水陆坦克，是苏联第二次世界大战后研制的一种轻型两栖装甲车辆，主要用于侦察、警戒和指挥，也可作为登陆部队夺取滩头阵地时的火力支援。

该坦克乘员 3 人，战斗全重 14 吨，车体由钢板焊接而成，车内分 3 个部分，驾驶舱在前、战斗舱居中、动力舱在后。驾驶员位于中央，并有 1 个向右打开的单扇舱盖。他使用 3 个潜望镜进行观察，当车前防浪板竖起时，中间 1 个潜望镜也能升起，使驾驶员能看到前方；夜间驾驶时，中间的那上换成 TBH—28 红外潜望镜，视距 60 米。该坦克安装 Д-56T 式火炮，身管长为 42 倍口径，炮全长 3.455 米，炮重 1150 千克，安装液气式反后坐装置。该炮最大射速为 6～8 发/分，最大射程为 12000～13290 米，可以发射曳光穿甲弹、破甲弹、曳光穿甲燃烧弹、曳光超速穿甲弹和榴弹等多种弹药。为 1 挺装于主炮右侧的 7.62 毫米并列机枪。该车采用 6 缸直列水冷柴油机，最大功率为 176 千瓦。公路最大速度为 44 千米/时，水上 10 千米/时。最大行程公路 260 千米（加辅助油箱能达到 450 千米），水上是 65 千米。

装甲车

装甲车是具有装甲防护的战斗车辆及其保障车辆的统称。装甲输送车是设有载员仓的轻型装甲车，具有高度的机动性，一定的防护能力和火力。主要用于战场上输送步兵，也可用车载武器和车载步兵的武器进行战斗，有履带式和轮式两种，多数可水陆两用。

步兵战斗车是供步兵实现机动作战的装甲车辆。主要用于协同坦克作战，也可以独立执行战斗任务，一般有履带式和轮式两种。装甲指挥车是设有宽敞的指挥室、配有多种无线电台和观察仪器的轻型装甲车辆，以及有装甲防护的突击车，导弹发射车、侦察车、通信车等。保障装甲车辆有架桥车、工程车、抢救车等。

36 式装甲战斗车

36 式装甲战斗车系中国将奇姆西装甲输送车改装而成，半履带式，操作人员 7 人；配有马克沁 7.9 毫米重机枪 2 挺，7.62 毫米冲锋枪 5 枝，7.62 毫米卡宾枪 2 枝；装甲厚度 8 毫米，发动机功率 104 马力，最高时速 56 千米，平均时速 24 千米，攀登坡度 15°，勤务半径 96.5 千米。

德 SDKFZ 轻型装甲侦察车

德 SDKFZ 轻型装甲侦察车由 3 人操作，配有 20 毫米机关炮 1 门，7.9 毫米机枪 1 挺，装甲厚度 8 毫米，发动机功率 85 马力，最高时速 48 千米，平均时速 32 千米，涉水深度 0.6 米，勤务半径 201 千米。

德 SDKFZ 轻型装甲侦察车

美 M3A1 式装甲侦察车

美 M3A1 式装甲侦察车由 2 人操作，配有 12.7 毫米机枪 1 挺，7.62 毫米机枪 1 挺，11.43 毫米冲锋枪 1 支，发动机功率 110 马力，最高时速 89 千米，平均时速 48 千米，攀登坡度 30°，涉水深 0.7 米，勤务半径 201 千米。

美 M3A1 式装甲侦察车

60 式装甲输送车

1960 年装备部队，从 20 世纪 70～80 年代中期一直是自卫队主要的装甲输送车。车体为钢装甲焊接结构，战斗全重 11.8 吨，乘员 4 人，载员 6 人，车长 4.85 米，车宽 2.4 米，车高（至机枪顶）2.31 米，车体顶部右侧安装 1 挺机枪，并有屏蔽装甲保护机枪手。车体内前部左侧装有 1 挺机枪和 1 具潜望式瞄准镜。载员舱顶部有 1 扇向前开启的舱门，其后有 2 扇向两边开启的舱门，以提供装甲防护。车体两侧没有射击孔，所以乘载步兵不能在车上作战。发动机为风冷涡轮增压柴油机，传动装置采用手动式变速箱。行动装置采用扭杆悬挂装置、液压减振器。最大速度 45 千米/时，最大行程 230 千米。这车的变型车有 81 毫米自行迫击炮、反坦克导弹发射车等。

BMⅡ步兵战车

苏联 BMⅡ步兵战车

BMⅡ系列步兵战车以 BMⅡ—1 步兵战车为基型车。该车于 1966 年装备苏军，BMⅡ步兵战车为钢装甲全焊接结构，动力传动前置，采用水冷式柴油机、机械式变速箱、扭杆式悬挂装置，挂胶履带。该车能从行进间浮渡江河，能迅速通过放射性沾染地区，扩大核突击效果。主武器除火炮外，BMⅡ—1 上还携带 4 枚“萨格”反坦克导弹，车体后部有两扇尾门。BMⅡ—1、2 有三防装置。车有共有 9 个射击孔。战斗全重 13 吨，乘员 3 人，载员 8 人，车长 6.74 米，车宽 2.85 米，车高（至炮塔顶）1.92 米，最大速度 65 千米/时，最大行程 500～600 千米。改进型有 BMⅡ—1 改进型、BMⅡ—2（该车于 20 世纪 80 年代初装备苏军，携带 4

枚“拱肩”反坦克导弹)。变型车有 BMⅡ—1KLⅡ指挥车、BMⅡ侦察车、BMⅡ雷达车、BMⅡ—1装甲抢救车等。

WZ501 式步兵战车

WZ501 式改进型步兵战车

501 步兵战车推进系统主要包括发动机、传动系统、行动系统和操纵系统，而且发动机前置。车长 6.74 米（防浪板不打开），车宽 2.97 米，车高 1.92 米（至炮塔顶）、2.154 米（至炮塔探照灯顶），车底距地高 0.38～0.40 米，履带着地长 3.57 米，最大时速 65 千米/时（公路）、7 千米/时（水上），战斗全重 13.3 吨，乘员 3 人，载员 8 人。该车火力系统包括一门 73 毫米低压滑膛炮、一具红箭—73 反坦克导弹发射架和一挺 7.62 毫米并列机枪及步兵班武器，另外，车上还配有一枚红缨—5 号单兵肩射式防空导弹，73 毫米低压滑膛炮配有火箭增程破甲弹和钢珠榴弹各 20 发，采用自动装填，射速 7～8 发/分，破甲弹直射距离 780 米，有效射程 1300 米；榴弹最大射程 2900 米，红箭—73 反坦克导弹为有线制导，可在车内装填和发射，射程为 500～3000 米，导弹基数 4 枚。炮长配有红外或微光夜视仪，具有一定的夜战能力，车体两侧及后门上共设有 9 个射击孔，供步兵班射击用，此外，每 3～4 辆步兵战车配有一枚红缨—5 号防空导弹，射距 4200 米，射高 50～2300 米，有一定的对空自卫能力。

LAV 轻型轮式装甲突击车

LAV 轻型轮式装甲突击车由加拿大生产，1983 年 10 月起装备美国海军陆战队轻型装甲营。该车战斗全重 12.9 吨。乘员 3 人，可载员 6 名。车长

6.39 米，宽 2.49 米，高 2.69 米。最大行驶速度 100 千米/时，最大行程 668 千米。主要武器是一门 25 毫米机关炮，弹药基数 630 发。辅助武器为一挺 M240 型 7.62 毫米并列机枪，弹药基数为 1620 发，配有微光瞄准镜。炮塔和车体采用钢装甲结构，车内可装三防装置，炮塔上有烟幕弹发射器。

LAV 轻型轮式装甲突击车

"阿达茨"两用导弹发射车

"阿达茨"是瑞士某公司研制的世界上第一种防空反坦克两用导弹发射车。既可以向主战坦克、步兵战车等地面装甲目标射击，又可以同轰炸机、战斗机、武装直升机、无人驾驶飞机作战。它配有雷达、电视等远距离探测装置，尤其适宜于同空中目标作战，最远可以攻击 8000 米距离 5000 米高度的空中目标。导弹全重 51 千克，战斗部重达 12.5 千克。装有 8 联装导弹发射塔，可攻击 8 千米内 8 架以 250 米/秒速度飞行的飞机，也可攻击 6 千米内的坦克，击穿 900 毫米厚的钢板，又是很好的远射程大威力反坦克武器。

"阿达茨"两用导弹发射车

“长剑”防空导弹发射车

于1983年装备英国陆军轻型防空团，主要用于对付低空飞行的超音速飞机。其射程6585米，采用美国M113装甲车族中的M548底盘，时速48千米，水上航速5.6千米/时。

“长剑”防空导弹发射车

LVIP—7装甲登陆输送车

LVIP—7装甲登陆输送车

LVIP—7于1972年装备美国海军陆战队。该车采用全密封车体，前部首状，可减少水的阻力。车体后部装2台喷水推进器。时速63千米，水上航速13.5千米/时。该车乘员3人，载员25人，装1挺12.7毫米机枪。

美国“康曼多”火力支援车

“康曼多”火力支援车是美国某公司研制的，是在6×6轮式装甲车底盘上安装了1门105毫米低后坐力炮，具有较强的活力和良好的机动性。乘员4人，时速90千米。全重18200千克。

“红箭”—9 反坦克导弹发射车

红箭—9 反坦克导弹发射车

“红箭”—9 反坦克导弹轮式（4×4）发射车于1999 年 10 月 1 日参加了国庆阅兵。其射程 5000 米，可击穿披挂反应装甲的主战坦克。该车乘员 4 人，时速 95 千米，水上航速 8.4 千米/时。其导弹发射装置为液压升降式 4 联装发射架。发射架与车内共装有 8 枚导弹。

AMX—10RC 装甲侦察车

法国 AMX—10RC 装甲侦察车

AMX—10RC 轮式（6×6）装甲侦察车于 1976 年装备部队，乘员 4 人，装有 1 门 105 毫米火炮和 1 挺 7.26 毫米机枪。车上安装有微光电视系统，可进行夜间瞄准。采用液气悬挂装置，可视具体条件调节车底距地高（最小值 219 毫米、公路上 350 毫米、越野时 470 毫米、浮渡时 600 毫米）。战斗全重 15.8 吨，最大速度 85 千米/时，水上航速 7.2 千米/时，最大行程 1000 千米。火炮有效射程 1225 米，破甲厚度 350 毫米。

YW701 装甲指挥通信车

YW701 装甲指挥通信车是在 63 式装甲输送车基础上发展的，车上装备 3 部 VHF 调频电台（其中 1 部为备用），2 部 HF 单边带电台（其中 1 部为备用）、1 部短波收信机和 701A 车内通话器。车上电台可以进行 1 千米的遥控。VHF 调频电台还配装 10 米升高天线，HF 单边带电台也配装 10 米桅杆天线，以改善电台的通信效果和增大通信距离。指挥舱和驾驶舱之间有隔门隔开以降低噪声。

指挥舱四周装有 11 块具有加热除霜功能的防弹玻璃观察镜，以便于指挥员对外观察。观察镜装有活动防弹盖板。车长 5.476 米，车宽 2.928 米，车高 2.776 米，车底距地高 0.44 米，履带着地长 3.095 米，履带宽 360 毫米，公路最大速度 65 千米/时，水上最大速度 6 千米/时，全重 12600 千克，乘员 8 人，车体左前顶部装有 12.7 毫米高射机枪。

GSLⅢ式装甲扫雷车

GSLⅢ式装甲扫雷车于 1987 年装备部队。全重 2.8 吨，乘员 4 人，时速 55 千米/时，车上装有 2 具 425 毫米火箭弹发射架和 1 挺 7.62 毫米机枪。火箭弹发射后，在空中展开 120 米长的 32 个直列炸药包，爆炸后可开辟 100 米长、10 米宽的通道。

GSLⅢ式装甲扫雷车

FV432 装甲布雷车

该车是英国以 FV432 装甲车为基础研制的，车顶部的可旋转发射架上装有 72 根发射管，每根管内装 20 枚地雷，采用小型火箭发射地雷，布雷距离 100 米，每小时布雷 700 个。

M48 装甲架桥车

该车是美国以 M48 坦克的地盘为基础研制的，车体上安装一座重 14.5 吨，全长 19.2 米的机动桥，可承受 60 吨装备的压力，通过 18.3 米的壕沟等障碍物。

IMR 装甲工程车

该车主要用于清除各类自然和人工障碍。其特点是机动性能好，装甲防护能力强，可伴随坦克、机械化部队作战。工程装备有推土铲，伸缩式回转臂，臂端可安装抓钳或挖斗，用来拔除树木及清理其他障碍物。全重 35 吨，乘员 2 人，时速 48 千米。

IMR 装甲工程车

BPEM—1 装甲抢救车

该车于 1977 年装备，采用 T—72 坦克底盘，全重 41 吨，时速 60 千米。抢救绞盘采用机械式传动方式，钢丝绳长 400 米，拉力 25 吨，增装动滑轮后拉力达 100 吨。起吊设备起重量 19 吨。车上装抢救工具和电焊设备及 1 挺 12.7 毫米机枪。

飞　机

中国人很早以前就有了飞行的理想。公元前400多年，著名的工艺师鲁班（公输般）用竹和木制成飞鹊，能在天空飞行三天三夜不降落。公元19年（王莽新天凤六年）有人用鸟羽做成一双很大的翅膀，把它缚在自己的手脚上，从高台一跃而下，滑翔了几百步远。这些伟大的理想和大胆的试验，在航空发展史上，起着启蒙的作用。

飞机是19世纪末和20世纪初发明的飞行器。1903年，美国人莱特兄弟在人类历史上首次驾驶自己设计、制造的有动力的飞机飞行成功。此后不久，欧洲各国开始从事飞机制造。1910年开始，先后有人在飞机上试装机枪等武器。第一次将飞机用于战争是在1911年意土战争中，意大利飞机在敌方阵地上空进行侦察飞行和投掷手榴弹，1912年还用飞机投掷传单敦促敌人投降。

第一次世界大战开始后，法、英、意、德、俄等国都成立了自己的飞行队，实施空中侦察、联络和对地面进行轰炸、射击等战斗行动，发挥了一定的作用。战斗机、轰炸机、侦察机等机种相继出现。

第二次世界大战前后，飞机的航速、航程、升高、载重等技术性能都有很大的发展。1939年，又出现了喷气式飞机。现在飞机已成为主要武器之一，在各国武装力量中，已成为独立的军种。

第一次世界大战期间，军用飞机多是双翼木质结构，以活塞式发动机为动力。到第二次世界大战前后，军用飞机发展成为单翼全金属结构，有可收放的起落架和无线电通信设备。就技术性能来说，航速从1918年的160千米/时，发展到1940年的640千米/时，提高了4倍；航程从193千米发展到5472千米，提高了28倍；升限从3048米，发展到12192米，提高了4倍；载重从250千克发展到5000千克，提高了20倍；发动机的功率提高了5倍。第二次世界大战结束时，喷气式战斗机出现，其速度大大超过活塞式飞机，技术性能和战斗性能都又有新的更大的进步。

伊—15 战斗机

伊—15 为双翼单座战斗机，翼展 10.2 米，机长 6.2 米，最大时速 360 千米，实用升限为 12000 米。武器装备：4 挺 7.6 机枪。

伊—16 战斗机

伊—16 是世界上最早具有密封座舱、可收放式起落架的下单翼战斗机，发动机功率为 1000 马力，最大时速 480 千米，起飞重量 1422 千克，升限 11000 米，航程 800 千米。武器装备：4 挺 7.6 机枪。

伊—16 战斗机

米格—15 歼击机

前苏联米高扬飞机设计局设计的高亚音速喷气式歼击机，1947 年 6 月首飞，其改进型有米格—15 比斯。1950 年装备中国空军。机长 10.1 米，机高 3.7 米，翼展 10.08 米，空重 3636 千克，最大平飞速度 1076 千米/时，实用升限 15500 米，最大航程 1782 千米。武器装备：1 门 37 毫米机炮，2 门 23 毫米机炮，翼下可挂在炸弹和副油箱。

米格—15 歼击机

歼—5 歼击机

沈阳飞机工业公司根据前苏联米格—17 防制的单座单发高亚音速喷气式歼击机，1956 年 7 月首飞。机长 11.36 米，机高 3.8 米，翼展 9.6 米，最大起飞重量 6000 千克。武器装备：2 门 23 毫米机炮，1 门 37 毫米机炮，机翼下可挂两枚 100～250 千克的炸弹。

歼—6 歼击机

歼—6 歼击机

沈阳飞机工业公司根据前苏联米格—19 防制的单座双发超音速歼击机，1958 年首飞。机长 14.64 米（不包括空速管时 12.54），机高 3.89 米，翼展 9.04 米，最大起飞重量 8824 千克，最大平飞速度 1450 千米/时，实用升限 17900 米，最大航程 2200 千米。武器装备：3 门航炮，翼下可挂空空导弹、火箭、炸弹和副油箱等。

歼—7 歼击机

歼—7 歼击机

成都飞机工业公司在前苏联米格—21 基础上发展研制的单座单发轻型超音速歼击机，1966 年首飞。有歼—7 Ⅰ、歼—7 Ⅱ、歼 7 Ⅲ、歼 7MG 等多种改型。机长（包括空速管）15.59 米，机高 4.25 米，翼展 7.15 米，最大起飞重量 9831 千克，最大平飞速度 2230 千米/时，实用升限 18700 米，最大航程 1480 千米。武器装备：1 门机炮，翼下可挂 2 枚 PL—2 空空导弹（Ⅰ型起挂 4 枚）、火箭弹和炸弹等。

歼—8Ⅱ歼击机

沈阳飞机工业公司研制的单座双发重型超音速制空歼击机。1984 年 6 月首飞。其改进型有歼—8ⅡM、歼—8ⅡD。机长 20.45 米（包括空速管 22.72 米），机高 6.01 米，翼展 9.34 米，最大起飞重量 17800 千克，最大平飞速度 2692 千米/时，实用升限 20000 米，最大航程 2215 千米。D 型有空中受油装置。武器装备：1 门 23 毫米双管机炮，翼下可挂装 PL—8 红外制导空空导弹，以及火箭弹和炸弹等。

歼—8Ⅱ歼击机

苏—27/歼—11 歼击机

前苏联苏霍伊设计局研制的双发重型制空歼击机。1977 年 5 月首飞，有多种改型。中国于 1992 年开始引进苏—27SK 型和苏—27UBK 型，并于 1996 年获俄罗斯授权生产苏—27SMK 多用途型，编号歼—11。苏—27SMK 全机长 21.935 米，机高 5.935 米，翼展 14.948 米，最大起飞重量 33000 千克，最大速度 2.35 马赫，升限 18000 米。最大航程 3790 千米（带副油箱

苏—27

4390 千米)，作战半径 1560 千米。机载武器有 1 门 30 毫米机炮，12 个外挂架，可挂 R—73/R—27/R—77 空空导弹，各种空地导弹，常规炸弹和火箭弹，总载弹量 8000 千克。

苏—30MKK 歼击轰炸机

俄罗斯苏霍伊公司在苏—27UBK 基础上为中国研制的双座双发歼击轰炸机。1999 年 3 月首飞，2000 年底开始交付中国空军。机长 21.935 米，机高 6.43 米，翼展 14.7 米，最大起飞重量 38000 千克，最大速度 2.0 马赫，实用升限为 17500 米，最大航程 4000 千米(经一次空中加油 5200 千米，经二次空中加油 7000 千米)，作战半径 2300 千米。机载武器有 1 门 30 毫米机炮，12 个外挂架，可挂 R—73、R—27、R—77空空导弹，Kh—59M、Kh—29T 空地导弹，各种常规炸弹和火箭弹，总载弹量 8000 千克。

苏—30

强—5 强击机

强—5 强击机

强—5 是南昌飞机制造公司研制的单座双发超音速强击机，1965 年 6 月首飞。其改进型有强—5Ⅰ、强—5ⅠA、强—5Ⅱ、强—5Ⅲ，强—5C、强—5M。强—5 全机长 15.65 米，机高 4.33 米，翼展 9.68 米，最大起飞重量 11300 千克，最大平飞速度 1.12 马赫，实用升限 16500 米，最大航程 1630 千米。武器装备：1 门 23 毫米机炮，6 个外挂点，可挂多种导弹、火箭、炸弹等。

轰—6 轰炸机

轰—6 是西安飞机工业公司在前苏联轰炸机的基础上研制的高亚音速中程战略轰炸机，1968 年 12 月首飞。其改进型轰—6D 于 1981 年 8 月首飞。机长 34.80 米，机高 9.85 米，翼展 34.19 米，最大起飞重量 75800 千克，最大平飞速度 1014 千米/时，实用升限 13100 米，最大航程 6000 千米。武器装备：7 门航炮，机身中部炸弹舱可携带常规炸弹和核弹。轰—6D 翼下可挂 2 枚 C—601 反舰导弹。

Tu—22M 轰炸机

Tu—22M 轰炸机

Tu—22M 是从早期后掠翼的 Tu—22 轰炸机发展而来的。1975 年 Tu—22M—2 试飞，它有变掠翼和类似于战斗机的发动机进气口。机长 42.46 米，机高 11.05 米，机重 58 吨，最大起飞重量 126 吨，翼展全展开时 34.28 米，两台补燃涡轮风扇发动机，高空飞行速度 2000 千米/时，低空飞行速度 1050 千米/时，最大航程是 12000 千米。武器装备：它机身内的旋转武器舱可以携带最多达 6 枚 Kh—15 导弹，机身下还可携带两枚 Kh—22 导弹，最后在翼下还可携带两枚 Kh—22 或 4 枚 Kh—15 导弹。

米—24 武装直升机

米—24 是前苏联陆军的第一种专用武装直升机，1972 年底试飞并投入批生产，次年 1973 年装备部队。

米—24 武装直升机

旋翼直径长 17.10 米，尾桨直径长 3.90 米，短翼（包括翼尖挂架）长 6.65 米，机长（不包旋翼、尾桨、机枪）17.5 米，机高（旋翼和尾桨转动）6.5 米，旋翼桨盘 235 平方米，空重 8.2 吨，最大外部载荷 2.4 吨，正常起飞重量 11.2 吨，最大起飞重量 11.5 吨，最大平飞速度 330 千米/时，巡航速度 270 千米/时，悬停高度（无地效）1500 米，作战半径（最大武器载荷）160 千米（2 个外挂油箱）224 千米，航程（标准内部燃油）500 千米，最大续航时间 4 小时。武器装备：机头下方炮塔装有一挺可俯仰旋转的 12.7 毫米四管“加特林”机枪，部分后期型号采用了双联 23 毫米或 30 毫米机炮。短翼翼尖武器挂架可挂 4 枚 AT—2“蝇拍”反坦克导弹，其他挂架可携带 UV—32—5732 管 57 毫米火箭发射器、其他大口径火箭发射器、1500 千克常规或化学炸弹等。

C—5 战略运输机

C—5“银河”是美国空军的亚音速战略运输机，主要用于运送大体积重型武器装备、人员和其他军事物资，并与 C—141 军用运输机相配合组成混合空运力量。C—5 飞机 1965 年 9 月开始研制，1968 年 6 月首次试飞，1970 年春开始装备部队。

C—5 有 A、B 两种型别。C—5B 新型战略运输机装 4 台涡扇发动机。机组乘员 5 人，机舱容积 56.91 立方米 + 170.46 立方米 + 985.29 立方米，总容积 1212.62 立方米。最大起飞重量 379657 千克，最大载重量 131995 千克，最大平飞速度 919 千米/时，最大载重航程 5526 千米。一架 C—5B 可运载 2 辆 M1 艾布拉姆斯主战坦克，或 16 辆 3 ~4 吨卡车，或 1 辆 M1 坦克和 2 辆布雷德利装甲车，或 6 架 AH—64A 武装直升机，或 10 枚潘兴式导弹及发射车。

C—5 战略运输机

安—124 秃鹰运输机

安—124 秃鹰运输机是前苏联制造的 20 世纪 80 年代最大的战略运输机，并在作战性能上超越了当时美军最大的飞机 C—5。1982 年试飞成功。

安—124 拥有先进的气象雷达、导航或地图雷达、卫星导航仪、4 套惯性导航装置、大型移动地图显示器及大型雷达屏。机组定员 7 人。其货舱上层舱室可载 88 名乘客，下层主货舱宽 366.4 米，高 4.4 米，容积 1013.76 立方米，可载重 150 吨，约为美国 C—5 的 1.25 倍。货舱前后舱门可用液压装置在 7 分钟和 3 分钟内全部打开，货舱天花板上还装有 2 个起重能力为 10 吨的吊车，地板上还另外备有牵引力 3 吨的绞盘车 2 部。安—124 为空勤人员提供了舒适的长程飞行生活条件，拥有厕所、洗澡间、厨房和 2 个休息间。安—124 作为一架战略运输机，其起飞重量达 405 吨，翼展达 73.3 米，装卸一般货物时，卡车可直接驶入机腹进行作业。

军　舰

军舰是专指海军用以参加作战的船只。它的使用至少有3000年以上的历史。19世纪是军舰发生重大变革的时代。1814年，美国人富尔顿发明了蒸汽机推动轮船，不久出现了明轮蒸汽舰。至19世纪中叶，以螺旋浆为推进器的蒸汽舰普遍使用，使用了几百年的风帆战舰慢慢地绝迹了。同时，舰炮由前装滑膛炮发展成为后装线膛炮，炮弹由圆形实心弹发展成为长型爆炸弹，使得舰炮的射程、射击精度和炮弹的破坏力都大大提高。为对付新式舰炮和炮弹，军舰开始采用装甲防护。最初是在木壳船上敷以铁甲，后发展为用铁板、钢板造舰，铁甲舰从此诞生。以前军舰上的火炮的炮口都是固定的，炮口方向的改变要由军舰航向的改变来调整。19世纪中叶后，有了可以旋转的炮塔，无论军舰如何航行，炮口皆可轻易对准目标。19世纪70年代自从鱼雷问世后，出现了鱼雷艇、驱逐舰等新型军舰。20世纪初，飞机问世，又出现了航空母舰。到第一次世界大战结束时，现代各种专用军舰基本都已产生。

“库兹涅佐夫”级航空母舰

“库兹涅佐夫”级航空母舰是继基辅级航空母舰之后出现的前苏联第三代航空母舰，是一级全新的现代航空母舰，由以前搭载直升机，垂直、短距起降飞机，过渡到搭载常规起降的固定翼飞机。它不仅是飞机运载平台，而且也是一个装备齐全的作战平台。它的主要使命是在岸基航空兵作战半径之外的海域执行反潜、反舰及防空作战，扩大海上防御范围，确保前苏联弹道导弹核潜艇的安全和战斗效能的发挥，消灭敌方海上和基地的海军兵力，实施海上破交、支援登陆作战等。首制舰曾传闻名为“苏联”号、“克里姆林宫”号、“勃列日涅夫”号，后改名为前苏联格鲁吉亚共和国首都名“第比利斯”、前苏联解体后改名为“库兹涅佐夫”号；正在建造中的2号舰“里加”号改为“瓦良格”号。

总长304.5米，水线长280米，舰宽70米，水线宽37米，吃水10.5

米航速31节，标准排水量是45900吨，满载时排水量为58500吨，装有8台锅炉，4台蒸汽轮机，200000马力，飞行甲板长304.5米，宽70米，拥有舰员1700名。武器装备：12单元SS—N—19“毁灭”垂直发射远程对舰导弹。4组

“库兹涅佐夫”级航空母舰

SA—N—9“长手套”对空导弹垂直发射装置，每组6座，共装弹192枚。8座CADS—N—1“卡什坦”导弹、火炮合一发射装置，每座装8枚SA—N—11对空导弹和双管30毫米“格林”炮。6座AK6306管30毫米炮，2座RBU12000发射装置。载机：20架苏—27K（苏—33），4架苏—25UTG，15架卡—27“蜗牛”，2架卡—31RLD“蜗牛”预警直升机。

“企业”号核动力航空母舰

“企业”号核动力航空母舰是世界上第一艘核动力航空母舰，它的问世，使航空母舰的发展进入了新纪元。1964年，“企业”号进行了史无前例的环球航行，途中无需加油和再补给，历时64天，总航程3万多海里，充分显示了核动力的巨大续航力，它的设计和建造对美国第二代核动力航航空母舰尼米兹级有着重要影响。

“企业”号核动力航空母舰

总长342.3米，舰体宽40.5米，吃水11.9米，航速33节，标准排水量73502吨，满载排水量93970吨，飞行甲板长331.6米，宽76.8米。装有8座威斯汀豪斯A2W压水堆；4台威斯汀豪斯蒸汽轮机，280000马力；4台应急柴油机，10720马力，4轴和4座C13—1型弹射器。拥有舰员3215名。武器装备：3座雷声Mk29SSS8联装发射装置；“北约海麻雀”对空导弹，3座通用电气、通用动力Mk156管20毫米“火神密集阵”炮。载机：一般配备20架F—14“雄猫”，36架F/A—18“大黄峰”，4架EA—6B“徘徊者”，4架E—2C“鹰眼”，8架S—3A/B“北欧海盗”，4架SH—60F和2架HH—60H“海鹰”。

“硫磺岛”级两栖攻击舰

该级舰是世界上最早为搭载直升机而专门设计建造的两栖攻击舰，首制舰“硫磺岛”号于1961年服役，在以后的10年间共有7艘建成服役。该级舰的主要使命是用直升机运输登陆部队上岸，实施立体登陆；后来也作为战斗支援舰只和直升机扫雷的平台等。

“硫磺岛”级两栖攻击舰

总长183.7米，舰宽31.7米，吃水9.7米，航速23节，轻载排水量11250吨，满载排水量18798吨，飞行甲板长183.7米，宽31.7米装有2台巴布柯克—威尔科斯/燃烧工程锅炉，1台德拉瓦尔/通用电气/威斯汀豪斯蒸汽轮机，230000马力，单轴。拥有舰员902名，反水雷支援舰1420名。可载运部队1562人，其中军官158人；1500吨航空燃油；2艘大型人员登陆艇。武器装备：2座通用电气/通用动力Mk1520毫米“火神密集阵”炮，发射率3000发/分（改进型4500发/分），射程1500米（改进型1829米），8挺12.7毫米机枪，4座25毫米炮（反水雷支援舰）。载机：20架CH—46D/E“海上骑士”，或11架CH—53D“海上种马”直升机，需要时可在减少部分直升机后载4架AV—8B鹞式垂直/短降起降战斗机。

前苏联“光荣”级巡洋舰

1983年初，美国新型导弹巡洋舰“提康德罗加”号服役。同年9月，前苏联一艘面目全新的导弹巡洋舰也出现在海面上，这就是迄今为止俄罗斯发展的最后一级巡洋舰——“光荣”级。它的装备特点和在俄海军舰队中的使命类似于“基洛夫”级。也许是由于“基洛夫”的造价过于昂贵，前苏联才发展了这样一级使用常规动力的缩小型“基洛夫”。

从该舰的性能、武备特点看，它的对舰导弹数量多、威力大；防空装备除“基洛夫”号外比前苏联任何一级巡洋舰都强，是一级具有较强防空能力的反舰型导弹巡洋舰。该级舰适于配合核动力水面舰只活动，为舰队担任警戒、护航。此外还可作为舰队的组成部分，用来攻击敌航空母舰和两栖力量，破坏敌海上交通线，并在两栖登陆作战行动中提供对岸火力支援。

“基洛夫”号巡洋舰

该舰长186米，宽21.5米，吃水7.6米。标准排水量9800吨，满载排水量11200吨，该级舰为燃气轮机推进方式，最大航速32节，编制员额454人。武器装备：主要为8座双联SS—N—12“沙箱”

远程超音速反舰导弹发射装置，SA—N—6VLS 远程舰空导弹。在该级舰尾部直升机机库两侧，各设有一座俄海军自 1970 年以来就装备的 SA—N—4 近程防空导弹。另外，该级舰还装有 6 座 AK—650 型 6 管 30 毫米炮用于末端防御。有 2 具五联装 533 毫米鱼雷发射管和 2 座射程为 6 千米的反潜深弹发射器，起辅助作用。电子装备：对空搜索为三座标“顶对”雷达，C/D 波段，对大型飞机的搜索距离为 366 千米，对 2 平方米的目标为 183 千米。2 部“T 柱形”或 3 部“倾壶”光电指挥仪、2 部“穿碗”卫星数据系统、8 部“边球”、4 部“酒桶”用于电子侦听；2 座 PK—2 或 12 座 PK—10 箔条发射器。以及“公牛角”或“小公牛皮”舰壳声纳。

“塔拉瓦”级两栖攻击舰

“塔拉瓦”级两栖攻击舰是美国从 20 世纪 70 年代开始建造的多用途两栖攻击舰。该级舰的排水量接近 40000 吨，成为当时最大的两栖攻击舰。它兼有直升机攻击舰，两栖船坞运输舰，登陆物资运输舰和两栖指挥舰等功能，可在任何战区快速运送登陆部队登陆，或作为攻击舰实施攻击，或作为两栖指挥舰指挥陆、海、空三军协同作战。

总长 254. 2 米，舰宽 40. 2 米，吃水 7. 9 米，航速 24 节，满载排水量 39967 吨，飞行甲板长 250 米，宽 36 米，装有 2 台燃烧工程锅炉，2 台威斯汀豪斯蒸汽轮机，70000 马力，双轴；首侧推器，900 马力；拥有舰员 930 名，可载运部队 1730 人，4 艘通用登陆艇，或 2 艘通用登陆艇和 2 艘机械化登陆艇，或 17 艘机械化登陆艇，或 45 辆两栖登陆车；1200 吨航空燃油；也可载 1 艘气垫登陆艇；4 艘大型人员登陆艇。武器装备：2 座通用动力 21 管“拉姆”对空导弹发射装置，2 座 FMC MK451 型 127 毫米炮，6 座“加

“塔拉瓦”级两栖攻击舰

农”自动炮2座通用电气/通用动力MK156管20毫米“火神密集阵”炮。载机：19架CH—53D“海上种马”或26架CH—46D/E“海上骑士”直升机，需要时可载AV—8B鹞式垂直/短矩起降战斗机。

“张保皋”级潜艇

“张保皋”级潜艇是德国专门用于出口的209型常规动力潜艇，该级潜艇可靠性高，操控自动化水平高，配备的艇员少，噪声小。除第一艘“张保皋”由德国建造并引进，其他的均由大宇装配而成。舷号有061～063、065～069。

艇长56米、艇宽6.25米、吃水5.5米，排水量1100吨（水面）、1285吨（水下），装有4台5000马力的MTU柴油机，航速11节（水面）、21.5节（水下），能潜入水下250米。配有30名艇员。武器装备：8具533毫米鱼雷发射管，14枚鱼雷或28颗水雷；部分潜艇还装了“鱼叉”潜射反舰导弹。电子设备：CSU—83声纳；I—Band导航雷达；ISUS 83 TFCS武器控制系统。

“张保皋”级潜艇

“西舒玛”级常规潜艇

“西舒玛”级常规潜艇即德国209级1500型常规潜艇。目前在役4艘，前2艘购自前西德，后2艘由印度马扎冈造船厂建造，分别在1986～1994年服役，舷号S44～S47。

舰长64.4米，舰宽6.5米，吃水6米，排水量1450吨（标准），1850

吨（满载），装有4台2400马力的柴油发电机，1台4600马力的西门子主推进电机，航速11节（水面）、22节（水下），能潜入水下260米，配有40名舰员。武器装备：8具533毫米鱼雷发射管，14枚AEG—SUT线导主/被动鱼雷或24枚水雷。电子设备：1部克虏伯CSU83型主/被动搜索与攻击中频声纳，1部汤姆森DUUX—5被动搜索和截击声纳，汤姆森CSFI波段水面搜索雷达。

“西舒玛”级常规潜艇

“拉菲特”级弹道导道核潜艇

“拉斐特”级是美国海军继乔治·华盛顿级和伊桑·艾伦级之后的第三代核动力弹道导弹潜艇。与前两代相比，该级潜艇装备了射程更远的弹道导弹，改进了导弹发射指挥系统，使潜艇在海上能自己选择目标进行攻击，改善了艇员居住条件，改进了电子设备，使其小型化和自动化程度更高。

舰长129.5米，舰宽10.1米，吃水10米，排水量7250吨（水上）、250吨（水下），航速水下18节、水上25节，能潜入水下300米，装有1座S5WⅡ型压水堆及2台蒸汽轮机，总功率20000轴马力，反应堆一次装料可连续使用6年，配有140名舰员。武器装备：16枚弹道导弹外，还携载12枚鱼雷用于自卫，它们由位于艇首的4具533毫米鱼雷发射管发射。鱼雷可以是老式的MK37或MK45型线导反潜鱼雷，也可以是新式的MK48型线导反潜鱼雷。电子设备：主要包括BPS—11a或BPS—15对海搜索雷达和BQR—7被动搜索、BQR—4主动搜索、BQR—15拖曳、BQR—19主动及BQR—21被动声纳。

“伊桑·艾伦”级弹道导弹核潜艇

“伊桑·艾伦”级的首制艇“伊桑·艾伦”号于1980年9月1日被改装成攻击型核潜艇，1986年4月30日退役。该级中的“萨姆·休斯顿”号和“约翰·马歇尔”号分别于1980年和1981年被改装成可输送“海豹”突击队员的运输核潜艇。该级中的另外2艘弹道导弹核潜艇也曾被改装成攻击型核潜艇。到1991年时，“伊桑·艾伦”级中的5艘弹道导弹核潜艇全部退役。

舰长125米，舰宽10.1米，吃水9.8米，排水量6900吨（水上）、7900吨（水下），航速水下为25至30节，能潜入水下300米，装有S5W型压水堆，主机的功率均为17000轴马力。武器装备：4具533毫米鱼雷发射管，分为左右各2具布置，每舷的2具鱼雷发射管共用一个液压缸。导弹舱内装有16枚“北极星”A2弹道导弹。电子设备：AN/BQR—2B被动声呐和AN/BQS—4主动声呐。从1963年起美对“伊桑·艾伦”级进行改装之后，每艘艇的首部又加装了一个声纳导流罩。

“乔治·华盛顿”级弹道导弹核潜艇

“乔治·华盛顿”级弹道导弹核潜艇总共建造了5艘，都编入到第14潜艇中队，以苏格兰的霍利湾为基地执行在北大西洋方面的非战时巡逻任务。

“乔治·华盛顿”级弹道导弹核潜艇的建成，标志着潜射弹道导弹第一次构成了真正的全球性威慑力量。目前已经全部退役。

舰长116.3米，舰宽10.1米，吃水8.8米，排水量5900吨（水上）、6880吨（水下），航速15节（水上）、24节（水下），能潜入水下213米，装有一座由威斯汀豪斯电气公司制造的S5W型压水反应堆。主机是通用电气公司制造的齿轮减速汽轮机，功率为15000轴马力，配有132名舰员。武器装备：6具533毫米水压式鱼雷发射管，16个“北极星”弹道导弹发射筒，分为两排垂直布置，每排8个。电子设备：首部呈半球形，半球形的上部布置着AN/BQS—4型主动声纳基阵，下部布置着AN/BQR—2B型被动声纳基阵。

“弗吉尼亚”级攻击核潜艇

随着美国海军实行“由海到陆，前沿部署”的战略，SSN—21在新形势下显得过于庞大、奢侈了。因此海军希望研制一型比“海狼”级潜艇排水量小，既经济，性能又好，用途广泛，可以在近海海区作战的多用途攻击型核潜艇，以便在21世纪替换将要退役的“洛杉矶”级潜艇。“新型攻击型核潜艇”（SSN—774）弗吉尼亚级便应运而生。

舰长114.9米，舰宽10.4米，舰高9.3米，排水量7700吨（水下），航速28节（水下），能潜入水下224米，装有一座压水核反应堆加两台同轴汽轮机驱动的泵喷射推进器。武器装备：MK48—5型鱼雷、“鱼叉”反舰导弹、“战斧”巡航导弹、小型反潜鱼雷和水下运载器，水下发射的反直升机防空导弹的可行性正在评估中。SSN—774的雷弹携带量为38枚。电子设备：AN/BQQ—2型高效率综合声纳。

海狼级攻击核潜艇

“海狼”号于1997年7月服役；第二艘艇“康涅狄格”号1998年12月服役；三号艇“吉米·卡特”号将采用更加先进的技术改进，以更好的完成特种作战、战术侦察和水雷战等使命。服役时间从原定的2001年12月推迟到2004年6月。该级潜艇应用现代最新技术，在动力装置、武器装备和探测器材等设备方面，堪称世界一流。

舰长99.4米，舰宽12.9米，吃水10.9米，排水量9150吨（水下），是美国历史上吨位最大的核动力攻击型潜艇。最大航速35节以上（水下），装有一座大功率高性能压水反应堆，轴输出功率达60000马力，外形为长宽比7.7:1的水滴形，接近最佳长宽比。艇壳采用HY—100高强度钢，使其最大下潜深度可达610米。武器装备：8具610毫米鱼雷发射管，可发射战斧巡航导弹、海长矛远程反潜导弹、MK—48阿德卡普鱼雷、鱼叉舰舰导弹共50枚。电子设备：装备了比洛杉矶级更为先进的AN/BQQ—50型综合声纳系统和BSY—Ⅱ型综合作战指挥系统。配有能透过冰层的侦测装置，可在北极冰下海区执行作战任务。

鲟鱼级攻击核潜艇

该级潜艇采用先进的水滴形艇型，但艇体比以往的攻击型潜艇大，指挥台围壳较高，围壳舵的位置较低，这样可提高潜艇在潜望镜深度的操纵性能。鲟鱼级潜艇可在北极冰下活动，装有一部探冰声纳。为了有利于上浮时破冰，艇围壳结构进行了加强，围壳舵可转动90°。

舰长92.1米，舰宽9.7米，吃水8.8米，排水量4780吨（水下），航速15节（水上）、26节（水下），能潜入水下400米（极限潜深可达500米），装有1座压水堆和2台蒸汽轮机，总功率为15000马力，配有107名舰员。武器装备：艇艏的4具鱼雷发射管可发射MK48型鱼雷、鱼叉潜射反舰导弹以及战斧对陆攻击型和反舰型巡航导弹，总数为23枚，除此之外，鱼雷管还可装MK67或MK60水雷，鲟鱼级原本装有沙布洛克反潜导弹，后由于该导弹的逐步被淘汰，而换装了战斧导弹。电子设备：BQQ—2型声纳（后有9艘改为BQQ—5型，使艇长增加了3米），AN/BQQ—2多用途综合声纳、AN/BQS8水下导航声纳、MK117鱼雷射击指挥系统、惯性导航设备和“奥米加”导航设备等。

长尾鲨级攻击核潜艇

20世纪50年代末，美国在建造“鳐鱼”级潜艇的同时，新设计的水声设备AN/BQQ—2和“沙布洛克”反潜火箭已经研制成功。为了装备先进的反潜火箭和高性能的探测设备，为了加大潜艇的下潜深度以及减小机舱噪音和螺旋桨空泡噪音，美国海军于1958～1967年建成了第三代攻击核潜艇“长尾鲨”级。该级艇共建造13艘。该级潜艇又称“大鲹鱼”级。

舰长84.9米，舰宽9.6米，吃水7.6米，排水量3750吨（水上）、4310吨（水下），航速20节（水上）、25节以上（水下），能潜入水下300～400米，装有S5W单轴压水堆，15000马力，采用2台蒸汽平透传动方式。武器装备：有4具533毫米鱼雷发射管，装备了射程比鱼雷远的“沙布洛克”鱼雷火箭。电子设备：AN/BQQ—2型高效率综合声纳。

“辛杜格霍斯”级常规潜艇

“辛杜格霍斯”级潜艇，从1986年至2000年印度共购进10艘该级潜艇，是印潜艇部队的绝对主力。印度正在对其现役多艘“基洛”级潜艇进行现代化改装，改装后该艇的装备和性能与新造艇基本相当。10艘艇的舷号为S55—S65。

“辛杜格霍斯”级潜艇

舰长72.6米，舰宽9.9米，吃水6.6米，排水量2325吨（标准）、3076吨（满载），装有2台3650马力的柴油发电机和1台5900马力的主推进电机，2台204马力的辅助电机，1台130马力的经济航行电机。航速10节（水面）、17节（水下），能潜入水下300米，配有52名舰员。武器装备：6具533毫米鱼雷发射管，18枚鱼雷或24颗DM—1水雷，6或8枚SA—N—8（9M36型）防空导弹，部分装备KLUB（SS—N—27）潜射反舰导弹（射程200～300千米）。电子设备：1部BG—519“鼠叫”高频主动搜索舰壳声纳，1部MGK—400“鲨鱼鳃”主、被动搜索、攻击声纳。还有MRP—25“窥探盘”i波段雷达；1部“墨鱼头”雷达。

“鲣鱼”级攻击核潜艇

“鲣鱼”级攻击核潜艇没有参加过战争，一生也就平平淡淡过去了。其中值得一提的是“蝎子”号。该艇在建造之初就不顺。1957年11月1日铺放龙骨后，改为建造SSBN598号核潜艇，成为搭载“北极星”弹道导弹的“乔治·华盛顿”号。之后再次铺放龙骨，“蝎子”号才得以建成。不过服役后的“蝎子”号身手不凡，1962年创下了水下连续航行70天的纪录。

“蝎子”号最终的命运更加悲惨。1968年5月22日，“蝎子”号在大西洋亚速尔群岛附近航行时，在没有任何征兆的情况下，突然沉入3000米深的海底，99名艇员全部遇难，失事原因至今不明。

舰长76.7米，舰宽9.6米，吃水8.9米，排水量3075吨（水上）、3513吨（水下），航速16节（水上）、30节（水下），装有1座威斯汀豪斯公司的S5W压水堆，由S3W型和S4W型发展而来，因效率更高，整体体积变小。“鲣鱼”号上安装有2台威斯汀豪斯公司的蒸汽轮机，其他艇为通用电气公司的2台蒸汽轮机，单轴推进，产生15000轴马力，配有128名舰员。武器装备：攻击武器为MK48型鱼雷，由6具533毫米鱼雷发射管发射。这些发射管分2排横列布置在鱼雷舱前部。电子设备：SQS—4型和BQR—2B型声纳，BKII2型鱼雷火控系统，2部潜望镜，1部SS—2型雷达升降桅杆，1部电子对抗升降装置。

“鳐鱼”级攻击核潜艇

“鳐鱼”级是美国海军继“鹦鹉螺”号之后发展的第二种攻击型核潜艇，其首艇“鳐鱼”号进行了许多开创性尝试：1958年完成了潜艇历史上第一次水下横渡大西洋的航行，创造了在水下连续航行31天的纪录；1958中8月11日从冰下通过了北极点；1959年3月17日第一次在北极破冰上浮。

舰长81.4米，舰宽7.6米，吃水6.7米，排水量2860吨（水下），航速21节（水下），能潜入水下220米，采用了美国当时新研制的53W压水反应堆，该反应堆采用蒸汽透平减速齿轮推进方式，噪声较小。但由于追求小型化，而降低了航速，后来这种反应堆再也没有安装到别的核潜艇上。武器装备：鳐鱼级潜艇的鱼雷发射管的设置在美国来说也不多见，除艇首有6具533毫米鱼雷管外，艇尾也有2具533毫米鱼雷管。电子设备：一套BQS—4声纳系统。

“鳐鱼”级攻击核潜艇

兵种大观

陆　军

世界上最古老的军种，也是兵种最多、在军队中所占比例最大的军种。

陆军是在陆地上作战的军种。现代陆军主要由步兵、装甲兵、炮兵、工程兵、防化兵、通信兵、雷达兵、骑兵、陆军航空兵、陆军防空兵、铁道兵和特种作战部队等侦察部队、气象部队、测验部队等兵种、专业兵组成。按军（集团军）、师（旅）、团、营、连、排、班的序列编制。装备有步兵武器、坦克、装甲车、火炮导弹和直升机等。既能独立作战，又可与海、空军联合作战，具有强大的火力和高度的机动力，还有良好的防护力。

世界上古代埃及和两河流域在公元前4000纪~前3000纪、中国在公元前21世纪的夏朝就出现了陆地作战的武装。最初的陆军只有徒兵，以后逐渐出现了车兵、骑兵，主要作战装备是铜、木、骨蚌等制作的冷兵器。公元前6世纪~公元3世纪，陆军主要由重装步兵、轻装步兵骑兵组成方阵作战，一般编十人队、百人队，最大的方阵有万人，并出现了职业雇佣军。4~16世纪，步兵地位下降，骑兵逐渐成为陆军的主力。至迟于808年，中国出现了火药，14世纪以后陆军陆续装备火枪、火炮，步兵重新成为主要兵种。17~19世纪，陆军分为战斗部队、勤务部队。战斗部队主要包括步兵、骑兵、炮兵，出现专门指挥机关，出现集团军编制。20世纪，陆军各主要兵种和勤务部队均已出现，并得到巨大发展，形成军、师（旅）、团（营）、连、排、班的编制序列。

1927 年 8 月 1 日中国人民解放军诞生时，全部由陆军组成。在革命战争时期，先后发展了炮兵、工程兵和通信兵等兵种。中华人民共和国成立后，中国人民解放军陆军进入了一个新的发展阶段，统一和改革了陆军部队的组织体制和编制，已经成为诸兵种合成的军种。

步　兵

在远古时代就已经有了步兵。奴隶社会时期，步兵是战场上的主要力量，分为重装步兵、轻装步兵。中国古代称步兵为徒或卒，有徒兵、徒卒、武卒、锐士、技击、带甲等称呼，一般围绕在战车四周作战，后来逐渐成为主要作战力量。

随着火器的出现和发展，步兵的编制也发生了变化。15 ~ 16 世纪，出现了步兵连、营、团、旅。18 世纪，有了步兵师。第一次世界大战中，开始用汽车、装甲车输送步兵部队。第二次世界大战中，组建了大量机械化步兵部队后，步兵朝进一步提高火力和快速机动力的方向发展，一些国家的步兵改称为机械化步兵或摩托化步兵、装甲步兵。中国在战争年代一直以徒步步兵为主要作战力量。后来抽调大量步兵建制单位组建和发展特种兵，同时在步兵部队内部增编特种专业部队、分队，步兵所占的比例逐渐缩小，摩托化、机械化程度逐步提高。

现代步兵有山地步兵、摩托化步兵、机械化步兵，步兵是徒步或搭乘装甲输送车、步兵战车实施机动和作战的兵种，是地面作战的主要力量。

主要装备有步枪、机枪、火箭筒、轻型火炮、反坦克导弹、防空火器、汽车、装甲输送车和步兵战车。

摩托化步兵

第二次世界大战中，纳粹德国国防军的步兵基本上实现了摩托化。每次开进时，都是摩托车开路，大部队乘卡车跟进。

摩托化步兵是以建制内的轮胎车辆实施机动，以徒步作战为主的步兵。有的国家以步兵战车或装甲输送为主要装备的步兵亦称摩托化步兵。

1955 年、1960 年、1969 年，中国人民解放军先后将一批步兵师改为摩托化步兵师和摩托化步兵军。徒步步兵以车代行，运力为汽油发动机、胶轮车，装备全部由车载。1985 年，中国人民解放军全部实现了摩托化。摩托化步兵师编有摩托化步兵团、坦克团以及包括野战炮、高射炮、工兵、通信兵等部（分）队的师直属部队，快速机动能力显著增强。摩托化陆军编有摩托化步兵师以及军直属的野战炮和高射炮等部队。

机械化步兵

机械化步兵的出现和装甲运输车的研制成功是密不可分的。1918 年最早的装甲输送车出现在英国。

机械化步兵是以步兵战车或装甲输送车为主要装备的步兵。有的国家称摩托化步兵或装甲步兵。现代步兵的重要组成部分，主要武器有车载火炮、反坦克导弹、防空导弹、步枪、机枪和火箭筒。具有较强的机动力、防护力和火力，在地面作战中具有重要的地位和作用。一般在坦克兵和其他军种部队协同下作战，有时也独立执行作战任务，以乘车战斗为主，也可下车作战。基本任务是攻占、扼守阵地，消灭敌步兵和装甲车辆。

1932 年，前苏联军队将机械化步兵正式作为陆军中的一个新兵种。第二次世界大战后，机械化步兵越来越多，武器装备不断改进。中国人民解放军在解放战争时期，将缴获的装甲输送车编配在特种兵部队内。1983 年，开始组建机械化步兵师，主要装备有装甲输送车和步兵战车。

现代世界各国的机械化步兵以装甲输送车和步兵战车为基础，采取乘员和载员统一编组，1 辆车编 1 个班。机械化步兵部队采取积木式编组，由标准化的各兵种团、营、连，合成编为机械化步兵师、团、营。机械化步兵师，通常辖机械化步兵团 2 ~ 3 个，坦克团、炮兵团、防空导弹团或高射炮兵团各 1 个，以及工程兵、防化兵（化学兵）、通信兵等专业兵分队。

山地步兵

世界上第一支山地战部队是法国的第 27 山地师，它创建于 1887 年，参加过两次世界大战，战功显赫。第二次世界大战中，美军、苏军和日军都编有山地师，日军称为“驮马师”。意大利、西班牙、瑞士、阿根廷、智利、印度、巴基斯坦等也都有山地师。

山地步兵装备的特点是：重型装备少，以轻武器为主；重型火炮少，迫击炮多；重型车辆少，轻型车辆多；保留有兽力运输工具，直升机数量比一般步兵多；配备有雪地履带式牵引车、雪橇、滑雪板、破冰、登山等用具。中国人民解放军山地战部队于 1985 年组建。

炮　兵

炮兵在中国有悠久的历史，远在明代永乐年间，京军中就已经有了以火炮为武器的战斗部队，当时叫做“神机营”；八一南昌起义时就有了炮兵营；红四军编有炮兵连。中华人民共和国成立后，炮兵在合成军队中的比重得到加强，国产的自行火箭炮、自行榴弹炮、自行加农炮利用本身的动力，极大地提高了炮兵作战的机动能力。各种高炮和各种类型的防空导弹，形成了高炮与导弹相结合的防空武器系统，从高空、中空、低空到超低空都布下了层层火网，大大提高了我军的防空保障能力。

炮兵是陆军的重要组成部分和主要火力突击力量。具有强大的火力、较远的射程、良好的精度和较高的机动能力，能集中、突然、连续地对地面和水面目标实施火力突击。主要用于支持、掩护步兵和装甲兵的战斗行动，并与其他兵种、军种协同作战，也可独立进行火力战斗。炮兵在历史上有“战争之神”的称号。

20 世纪 50 年代以来，许多国家研制、装备新式炮兵武器，从而出现了反应更快、射程更远、精度更高、威力更大、自动化程度更高的新型炮兵部队。

炮兵按隶属关系，分为队属炮兵和预备炮兵；按运动方式，分为摩托化炮兵（机械化炮兵）和骡马炮兵；按装备战斗性能，分为榴弹炮兵、加农炮兵、山地炮兵、火箭炮兵、迫击炮兵、反坦克炮兵和地地战役战术导弹部队。

队属炮兵指集团军以下各级合成军队建制内的炮兵，英、美、法等国家称“野战炮兵”。预备炮兵是隶属于统帅部或军区（方面军）建制的炮兵，有的国家称“最高统帅部预备队炮兵”。摩托化炮兵是指火炮及其配套装备用自身的动力，或用汽车、履带车辆牵引和装载而进行运动的炮兵。骡马炮兵是指火炮、仪器等装备由骡马拖曳或驮载进行运动的炮兵。山地炮兵是以轻型加农炮、榴弹炮和迫击炮为主要装备，用于在山地和难以通行的大起伏地作战的炮兵。反坦克炮兵是以反坦克武器为基本装备，以击毁敌坦克和装甲车辆为基本任务的炮兵，亦称反坦克歼击炮兵、防坦克炮兵等。地地战役战术导弹部队是以地地战术导弹、反坦克导弹和地空导弹为基本装备，在战术范围内以火力支持地面部队作战和掩护地面部队对空安全的部队。

骑　兵

骑兵的信条就是“进攻！进攻！再进攻！”这代表着勇敢者的胜利，也代表着勇敢者的牺牲。

骑兵是陆军中骑马执行任务的部队。曾是历史上的主力兵种，担负着正面突击、迂回、包抄、远程奔袭、追击散敌等任务。

中国骑兵作为兵种始于春秋末期。战国时期，许多诸侯国也先后建立了骑兵部队。汉武帝时，骑兵已成为主要作战兵种之一。12 世纪，成吉思汗的蒙古骑兵骑着蒙古马，装备着轻便的锁子甲与头盔；打击敌人时，远用弓箭、投矛，近用刀剑，狂风般地席卷亚欧大陆；征途上，1 个蒙古骑兵大都有两三匹战马。他们可以不断地更换战马，以保证冲击的速度与力量，不停地给敌人以打击。这种快速、灵活而勇猛进攻的战术奠定了骑兵战术。明清两代，骑兵还是陆军作战的主要兵种之一。中国人民解放军于 1928 年组建骑兵，解放战争中发展到 12 个骑兵师。

公元前 9 世纪，亚述帝国已有骑兵。中世纪的骑兵主宰了欧洲战场。当时的骑兵分为重骑兵、中骑兵和轻骑兵。1804 年，拿破仑一世创建骑兵军。第一次世界大战中，机枪、速射火炮的大量运用，制约了骑兵的机动性，堑壕、铁丝网、堡垒等野战工事大大限制了骑兵的冲击速度，坦克装甲车更是骑兵的克星。第二次世界大战初期，波兰骑兵居然还高举着长矛和马刀向坦克冲锋，结果波兰军队蒙受极大的伤亡。这样，骑兵便失去了优势，最后被机动力、火力和防护力等方面都占有优势的装甲兵所取代。现在，一些国家只保留少量骑兵，主要用于执行巡逻、侦察、警戒和仪仗等任务。

骑兵的主要装备是马匹、马具、马刀等。马具中最重要的是马鞍，中国秦始皇兵马俑已有鞍垫，西汉时期开始使用马鞍，西晋时出现马镫。这使得骑兵能够稳坐马背，腾出双手使用武器进行战斗；同时，也提高射箭的准确性。马刀出现于东方，是用于劈刺的骑兵武器，由于刀身弯曲，重心远离刀柄，增大了马刀的杀伤力量和杀伤范围。

防化兵

防化兵是现代战争中必需的一支重要部队，他们服装装备特殊，而且在人们心目中颇为神秘。

防化兵是军队中担负防化保障与喷火、发烟任务的兵种。又称化学兵、防化学兵。一般由核观测、化学侦察、辐射侦察、洗消、喷火、火烟等部队、分队组成。主要装备有核爆炸探测仪器、化学观测器材、核辐射探测仪器、化学侦察器材、化验车、防化侦察车、洗消车，有的还装备有在沾染区或毒区快速侦察的直升机。主要任务是：实施化学和核辐射侦察；实施消毒和消除沾染；实施喷火，协同步兵作战；施放烟幕，掩护部队行动；指导部队对核武器、化学武器和生物武器的防护。

防化兵是第一次世界大战期间，各交战国为使用化学武器而开始建立的。世界大多数国家的军队中编有防化兵（化学兵）。1938 年 12 月，中国人民抗日军事政治大学成立化学队。1956 年 1 月 1 日，中国人民解放军防化学兵部成立。1969 年，防化学兵部改称总参谋部防化学部。1978 年，总参谋部防化学部改称总参谋部防化部。

工程兵

工程兵是担负军事工程保障任务的兵种。一般由工兵、舟桥、建筑、伪装、工程维护等专业部队组成；有的国家还包括铁道、测绘等部队，分属各个军种。工程兵具有快速进行多种工程作业和进行一定战斗任务的能力，是军队实施工程保障的技术骨干力量。

中国很早以前就有工程兵，从夏朝开始，军队就有筑城设障、架桥修路等工程作业。《周礼》中记载，西周军队中设有“掌固”和“司险”等官职，掌修筑城郭沟池及有关防守之事。春秋战国时期，保障军队作战行动的工程作业已经有了很大的发展。到了元朝的时候，开始出现担负工程保障任务的专业部队，军队中编有匠军，专事装填火炮弹药和架桥、修路，其总管职称为“炮水手元帅”，后又建立专管浮桥架设和漕渡的船桥水手军。太平天国的军队中，曾编有土营和水营，清朝晚期，湘军和淮军中营配长夫，每营定额180人，负责运输并担负筑垒、浚壕、修路等工程作业任务。新军编有工兵营（队），包括筑城、电雷、架桥、绘图、修械、电报等分队。

陆军工程兵战时的主要任务是：实施工程侦察，修筑道路，架设桥梁，开设渡场，排除障碍物，开辟通路，保障部队顺利开进、快速展开；构筑指挥所、通信枢纽等，保障己方隐蔽安全和指挥稳定；在敌方进攻的主要方向埋设地雷、设置障碍，阻滞敌方机动，并实施破坏作业，为己方扫清道路；对重要目标实施伪装，设置假目标，迷惑敌方；构筑给水站，保障己方部队在野战条件下的供水。野战工兵还可使用工程战斗器材，直接歼灭敌方有生力量。平时，陆军工程兵主要承担永久性军事工程的建设等任务。海军、空军、战略火箭军和防空军的工程兵主要担负军港、机场、导弹基地等军事工程的建设和维护、抢修任务；海军陆战队的工程兵部队，主要担负登陆作战的工程保障任务。

侦察兵

侦察兵并不是特种部队，而是常规部队中的特殊兵种。但是专门的侦察兵都要求具有过人的军事素质。侦察兵的行动更为迅速、灵活，对单兵的体能、敏捷度和综合作战意识都有较高的要求，可以说，侦察兵是常规部队中的“特种部队”。

他们的主要任务是深入敌后，侦察敌军事目标的位置，为我火炮及空中打击提供翔实的地理坐标和破坏情况。还有对战役发起前敌军动态的侦察，敌军重要军事目标的侦察等等。

中国陆军中的侦察兵主要有步兵侦察兵、炮兵侦察兵、装甲侦察兵等。

步兵侦察：步兵侦察专业基本是武装侦察专业，从营到军级建制里都有侦察分队，个别步兵连队也有侦察分队，大军区也有直属的侦察分队。各建制里的侦察分队主要是担负其部队作战任务的战前侦察、敌前侦察、敌后侦察、重要目标攻占警卫。现在的侦察兵基本上都要求能进行两栖作业。

炮兵侦察：炮兵的侦察专业基本是技术侦察专业，主要分为侦察兵（目标捕捉）、计算兵（诸元计算）和无人机、雷达等器材技术侦察专业。同样，部分炮兵侦察兵也具备两栖作业的能力（主要是普通地炮、制导地炮、地地导弹和反坦克导弹部队的侦察分队）。炮兵侦察分队一般建制到炮兵连，这种建制的好处就是哪怕只有一个连队也有单独进行作战的任务。

装甲部队侦察：装甲部队侦察分队和步兵侦察分队差不多，但基本上配备了装甲侦察车辆，可快速地为装甲部队执行各种侦察任务，以保障装甲集团作战的需要。

装甲兵

中国人民解放军装甲兵工程学院座落在北京卢沟桥畔，是全国重点工科院校和全军12所综合院校之一，是中国人民解放军培养最早机械化部队工程技术军官和指挥军官的最高学府。

装甲兵是陆军中以坦克为基本装备的兵种，亦称坦克兵。设有领导指挥机关，编有部队、院校、科研机构。其部队一般包括预备坦克部队、队属坦克部队。预备坦克部队，隶属于统帅部、军区（方面军），通常编为坦克（装甲）集团军、师、旅、团等；队属坦克部队，通常编为集团军（军）属坦克师（旅），师属坦克团，团属坦克营、连等。坦克集团军（军）、师、旅、团的编成内还编有装甲步兵、炮兵、防空兵、防化兵（化学兵）、工程兵及其他战斗勤务保障部队、分队。装甲兵是陆军的重要突击力量，具有快速的机动力、强大的火力和较好的防护力，可以减轻常规武器和核武器袭击的损害，有效地利用常规火力突击和核突击的效果，实施快速机动、猛烈突击，在短时间内歼灭敌人。在协同作战中，可配属步兵作战，也可在其他军种、兵种协同下作战或独立执行作战任务。

通信兵

“军队的神经，首长的耳目”，指的是通信兵。现代战争中，如果没有通信兵，军队指挥就难以实现，军队就会成为一盘散沙。

通信兵是担负军事通信任务的兵种。一般由通信、通信工程、通信技术保障、无线电通信对抗、航空兵导航、军邮等专业部队、分队组成。主要任务是组织运用各种通信手段，保障军队畅通的通信联络；进行无线电通信干扰和反干扰；组织实施海区观通、航空兵导航勤务和野战军邮勤务。通信兵对保障军队指挥和完成各项任务具有重大作用。

随着战争的出现，为适应军队作战指挥的需要，通信兵逐渐成为军队的一个组成部分。在中国古代，指挥军队作战的通信工具有旗、鼓、角、金等，并配有专司击鼓、鸣金、挥旗、传令的人员，还建有烽火台、驿站等通信设施，利用烟、火、鼓声、快马等以接力的方式进行远距离通信。随着电信工业的发展，军队中逐渐有了电信装备，组建了通信分队。俄国军队于1851年组建电报连，1899年组建无线电通信队。美国军队在19世纪60年代建立了通信兵。英国军队的通信兵部队原属工程兵建制，1920年成为独立的兵种。1931年1月，中国工农红军成立第一个无线电队。1934年，中共中央军委成立通信联络局。抗日战争和解放战争期间，人民解放军的通信兵逐渐成长起来。1956年4月，中国人民解放军通信兵成为独立兵种。1975年，通信兵兵种领导机关改称总参谋部通信部。

电子对抗兵

电子对抗兵是陆军通过电磁频谱这一特殊领域与敌进行较量的一个新兵种，是陆军中与敌方进行电子斗争的主要力量。其行动具有很强的技术性、隐蔽性和谋略性，并贯穿于作战全过程，对作战行动和结局影响很大。它通常按（团）、大队、营、连编成。主要任务是：搜索敌电子设备的辐射信号，查明其类型、参数和部署情况；协同其他军兵种对敌指挥、控制、通信和情报系统实施干扰和火力突击，破坏敌指挥团体；干扰敌武器控制、制导系统，使其不能发挥出效能；与敌电子对抗兵进行斗争；实施电子佯动和电子伪装等。主要装备有：各种类型的电子测向仪、干扰机、角反射器等电子侦察、电子干扰和电子伪装设备。

陆军防空兵

陆军防空兵是以地空导弹、高射炮武器系统为基本装备，进行防空作战任务的兵种。有的国家称防空炮兵。由地空导弹兵、高射炮兵和弹炮混成部队、分队及雷达兵部队、分队组成。一般采用班（发射组）、排、连、营和旅的编制序列。

陆军防空兵的发展经历了一个由单一的高射炮兵部队到以地空导弹部队为主、高射炮兵部队为辅的历史过程。20 世纪 50 年代中期以前，陆军防空兵都是由高射炮兵部队、分队组成。20 世纪 50 年代中期以后，地空导弹的发展、高射炮性能的提高及弹炮一体防空系统的问世，促进了陆军防空兵组织体制的变化，一些国家逐步建立地空导弹部队、弹炮混成部队，高射炮兵部队在防空兵中比例有所减少。20 世纪 70～80 年代，陆军防空兵的编制装备有了较大发展，大量装备火力系统、火控系统与车辆结为一体的防空武器系统，使用高速数字电子计算机和先进的信息传输系统，初步实现情报传递、射击指挥自动化，提高了快速反应能力、独立作战能力和机动能力。20 世纪 80 年代末期，许多国家的陆军已建立起以地空导弹为主、小口径高射炮和高射机枪为辅、弹炮结合的防空体系，形成高、中、低、超低空和远、中、近、超近程相结合的防空火力网。

随着现代空袭兵器的飞速发展，陆军防空兵在未来战争中的作用日益突出，世界各国军队都非常重视加强陆军防空兵的建设。陆军防空兵是合成军队的重要组成部分，是进行野战防空任务的基本力量，具有良好的射击精度和较高的机动能力，能单独或协同其他防空兵力完成陆军各种行动中的防空作战。

主要任务是：实施对空侦察和空情报知；制止敌方航空兵侦察；拦截和歼灭敌方的飞机、巡航导弹等空袭兵器，掩护军队的部署、行动及军事设施、交通运输线等，保障军队的主要集团和重要后方目标免受或少受空中敌人的袭击；歼灭敌方正在飞行、伞降或机降的空降兵。必要时，歼灭敌方地面或水面目标。

陆军航空兵

陆军航空兵，陆军中装备直升机和轻型飞机，直接支持地面部队作战的兵种。主要任务是在战术范围内摧毁敌方坦克、装甲车和军事设施，实施航空火力支持，运送部队和军用物资，以及实施空中侦察和电子战等。陆军航空兵的组建和发展，使陆军的机动能力和攻击火力大为增强。

第二次世界大战中期，美国陆军首先在炮兵部队中组建航空兵分队，装备轻型飞机，用以实施侦察、校射和通信联络。20 世纪 50 年代，日本、法国、英国和德国等也先后组建陆军航空兵。美陆军航空兵在朝鲜战争期间开始装备直升机，用以实施空运和后撤伤病员并在海上救生和营救飞行人员方面发挥过重要作用。越南战争期间，美国陆军中直升机日益增多，最多达万余架，组织编制由排、连发展到营、旅，用以完成包括直升机机降作战在内的多种战斗任务。中国陆军航空兵于 1986 年开始组建。

20 世纪 90 年代初，有 20 多个国家建有陆军航空兵。各国陆军航空兵的规模、编制、装备不尽相同。

美国陆军航空兵是世界上规模最大的陆军航空兵，编有旅、群、营、连等。装备的主要飞机有：AH—1“眼镜蛇”式攻击直升机、AH—64“阿帕奇”式攻击直升机、CH—47D“支奴干”式中型运输直升机、CH—54“塔赫”式运输直升机、OH—58D“基俄瓦斗士”式侦察直升机、UH—60“黑鹰”式运输直升机、UH—1 系列效用直升机和特种作战飞机等。

俄罗斯陆军航空兵编有团、大队、中队。装备的运输直升机有米—4、米—8、米—10 和米—26 等，作战直升机有米—24、米—28 和卡—50。陆军集团军编有 1 个独立作战直升机团和 1 个独立混编航空兵大队，分别装备直升机 60 架和 15 ~ 18 架。军编有独立直升机大队，装备直升机 18 架。

英国陆军航空兵编有团、中队和小队。装备有“海狸”式轻型飞机，“山猫”和“侦察兵”等武装直升机共 400 余架。团装备直升机 36 ~ 48 架，配属于驻本土的陆军部队和驻德国的莱茵军。莱茵军编有 3 个直升机团，驻本土陆军部队编有 1 个直升机团和 7 个中队。

法国陆军航空兵编有团、大队和中队。装备“林中人”式轻型飞机和各类直升机共700余架，其中，运输直升机有SA330“美洲豹”，武装直升机有SA342“小羚羊”和“云雀”。陆军军编有1个战斗直升机团和1个直升机大队。

日本陆上自卫队航空兵编有航空队、直升机旅、直升机队和飞行队。装备RL—l联络侦察机和L—19联络机；直升机有V—107运输直升机和AH—IS攻击直升机等共450余架。陆军军区编有1个航空队，下辖1个直升机队和若干个飞行队。

战略导弹兵

战略导弹兵是战略核力量的主要组成部分。战略导弹兵由导弹部队和各种专业部队组成。其中专业部队包括：导弹技术部队、核技术部队、工程部队，以及三防、通信、电子战、测绘、气象、警卫、侦察和后勤部队等。中国的战略导弹部队称为第二炮兵。

二炮部队是中国人民解放军装备地地战略导弹武器系统，进行战略核反击任务的部队，组建于1966年7月1日。主要任务是遏制敌人对中国使用核武器，在敌人对中国发动核袭击时，遵照统帅部的命令，独立地或联合其他军种的战略核部队对敌人实施有限而有效的自卫反击，打击敌人的重要战略目标。第二炮兵部队由近程、中程、远程和洲际导弹部队，工程部队，作战保障、装备技术保障和后勤保障部队组成，是一支具有一定规模和实战能力的主要核威慑和战略核反击力量。

俄罗斯战略导弹兵约12万人，编为4个集团军，共17个导弹师。

其现役的主要战略导弹有2代5种型号：第4代PC—18型（北约称为SS—19）、PC—20型（北约称为SS—18）；第5代PC—22型（北约称为SS—24）、PC—12M“白杨”型（北约称为SS—25）、“白杨—M”型（北约称为SS—27）。PC—18、PC—20和PC—22型导弹为多弹头导弹，其中PC—22可携带10枚35万吨级的分导式弹头。导弹部署分为发射井和公路铁路机动两种方式。目前，“白杨”和“白杨—M”均为公路机动部署。目前，处于战斗值班的导弹数量为750余枚，其中最新式的“白杨—

M”导弹有20余枚。“白杨”系列导弹目前为单弹头，将来必要时可改装为多弹头。

气象部队

气象在人类战争史上一直扮演着重要的角色。古人多半只能“观天象”，靠经验打仗。到了20世纪，随着气象技术的发展，军事指挥官们在重大战役中开始有意识地研究云层、风向、雨雪天候甚至月光对作战计划的影响。诺曼底登陆战打响之前，盟军对海峡上空微妙天气变化的把握更是成就了一段军史佳话。时至今日，尽管军事技术已有空前发展，但天气与战争的关系却是越来越紧密。

美国战争部在1937年7月1日命令由陆军航空部队负责组建专职军用气象单位。陆军航空兵气象联队于1943年4月14日正式在北卡罗来纳州阿什维尔组建，并于1945年更名为陆军航空兵气象勤务局。

中国军队的军事气象诞生于延安时期。在那里，建立了解放军第一个气象台。最多时，全军气象部队有两万多人。军事气象预报与地方的天气预报不一样。比如对天空状况的预报，地方气象部门只预报出或晴，或阴，或雨就行了，而军事气象预报还必须预报出天空有几层云、什么云、云多高等。同样是预报风，地方气象部门只要报多少级风就可以，军事气象预报则不仅要求报出风级风速，还要报出发生的具体时间和具体地域，对部队的武器将产生什么样的影响等。

随着高技术武器装备的广泛应用，作战空间从海洋、陆地、大气层扩展到太空，对气象水文保障也提出了更高、更快、更强的要求。

海　军

1988年2月，中国人民解放军海军南海舰队官兵首次登上南沙群岛永暑礁，并在那里插上了第一面五星红旗。保卫祖国领海安全、维护祖国的海洋权益，是人民海军的光荣任务。

海军是以舰艇部队为主体，在海洋上作战的军种。由水面舰艇部队、潜艇部队、海军航空兵、海军岸防兵和海军陆战队等兵种组成。海军一般下辖舰队，具有从水面、水下、空中、岸上实施攻防作战的能力。可以独立或协同其他军种完成任务。海军还具备战略袭击和远洋作战的能力。

海军历史悠久，经历了桨船、帆船、蒸汽舰、核动力等发展阶段。武器从冷兵器、黑火药枪炮、速射火炮、鱼雷和水雷等水中兵器，发展到舰载飞机、导弹等现代化武器装备。19 世纪末 20 世纪初，美国海军理论家马汉提出了“海权论”思想，即海军决定战争胜负的思想。第二次世界大战中，海战是战争的主要组成部分，潜艇部队、航空母舰编队在海军中占据主导地位。海军也是国家重要的军事威慑力量。

中国是古代海军的诞生地之一，春秋战国时期舟师（水师）已有相当的规模。近代海军始建于 19 世纪 60 年代，先后组建北洋水师、南洋水师、福建水师和广东水师，共有舰艇 100 余艘。在中法战争和甲午中日战争中，福建水师和北洋水师先后覆没。辛亥革命时期，海军官兵纷纷起义，加入革命行列。抗日战争中，中国海军力量损失殆尽。抗日战争胜利后，国民党政府重建海军。1950 年 4 月，中国人民解放军海军领导机关成立，相继组建了东海舰队、南海舰队和北海舰队。在保卫和建设社会主义祖国的斗争中，人民海军做出了巨大贡献。

水面舰艇部队

现代水面舰艇部队，各国舰艇种类、编制规模差异很大。有的国家海军水面舰艇部队拥有航空母舰、战列舰、巡洋舰、驱逐舰、护卫舰等大中型舰艇，总数达数百艘；有的国家海军仅有几艘小型巡逻舰艇。战斗舰艇部队，按舰种区分为航空母舰、战列舰、巡洋舰、驱逐舰、护卫舰艇、布雷舰艇、扫雷舰艇、登陆舰艇、猎潜舰艇、导弹艇、鱼雷艇等部队，主要进行海上作战任务。

勤务舰船部队，包括侦察船、通信船、海道测量船、海洋调查船、拖船、工程船、防险救生船、破冰船、医院船、训练舰船、修理舰船、补给舰船、运输舰船及其他专用舰船等部队、分队，负责海上战斗保障、技术保障和后勤保障等勤务。战斗舰艇编制员额一般是：大型航空母舰为5000～

6000 人，小型航空母舰为 1000 ~ 1500 人；战略舰为 1500 余人；巡洋舰为 400 ~ 600 人；重巡洋舰超过 1000 人；驱逐舰为 200 ~ 400 人；护卫舰为 100 ~ 250 人；小型巡逻艇为 10 ~ 60 人。水面舰艇部队编组通常分为舰种编组和任务编组。

舰种编组也称行政编组，是平时为便于对舰艇部队进行管理、训练、补给和对舰艇进行维修而采用的编组形式，一般由技术战术性能相同或相近的舰艇编成，编成的部队、分队属建制单位。美国海军在太平洋、大西洋舰队设有水面舰艇部队司令部，统辖各水面部队。其舰种编组分为大队或中队，所辖兵力大体固定。通常 1 个航空母舰大队由 1 ~ 2 艘航空母舰和其他作战、补给舰只编成；1 个巡洋舰、驱逐舰大队由 2 ~ 4 艘巡洋舰和 2 ~ 4 个驱逐舰中队及数艘后勤船只编成；驱逐舰、护卫舰中队为基本战术单位，由 4 ~ 6 艘舰艇编成。俄罗斯海军水面舰艇部队分为总队、支队和大队等。总队、支队分别隶属于区舰队、分舰队和海军基地。通常 1 个巡洋舰总队由 3 ~ 6 艘轻巡洋舰编成；1 个驱逐舰支队由 2 ~ 3 个大队编成；1 个驱逐舰大队编 4 艘驱逐舰；1 个护卫舰支队由 2 ~ 3 个大队编成；1 个护卫舰大队编 6 ~ 12 艘护卫舰。印度、巴基斯坦等国家海军水面舰艇部队的舰种编组形式，多是在舰队下直辖舰艇中队或大队等。

任务编组也称作战编组，是进行海上驻巡、作战或其他任务时而采取的编组形式。由不同舰种编组的舰艇部队分别派出单舰或成建制派出若干艘舰艇编成混合编队，一般无常设领导指挥机关和固定编制，任务结束，即行归舰。美国海军水面舰艇部队的任务编组区分为特混大队、特混小队、特混支队。俄罗斯海军水面舰艇部队的任务编组，通常以航空母舰、导弹巡洋舰或导弹驱逐舰为核心，并配有其他水面舰艇为护卫兵力组成。印度海军的任务编组为特混舰队、特混大队和特混小队，特混舰队辖航空母舰、海上火力支持、海上攻击和扫雷等 4 个特混大队，每个大队辖 2 个特混小队。

潜艇部队

潜艇部队是海军中在水下进行作战任务的兵种。按潜艇动力，分为常规动力潜艇部队、核动力潜艇部队；按武器装备，分为鱼雷潜艇部队、导弹潜艇部队和战略导弹潜艇部队。有些国家还包括勤务船和陆上保障部队。潜艇具有隐蔽性好、突击力强和续航力、自给力大等特点。潜艇部队主要在水下使用鱼雷、水雷、导弹武器对敌方实施突击，既能独立作战，也可与海军航空兵或水面舰艇部队协同作战。主要用于消灭敌方大、中型运输舰船和作战舰艇，破坏敌方海上交通线、保护己方海上交通线，破坏、摧毁敌方基地、港口和岸上重要目标。还可进行侦察、布雷、反潜、巡逻和运送人员物资等任务。攻击型潜艇部队是潜艇部队中防御和进攻的重要突击力量，能隐蔽、迅速地部署到一定的海域，随时进行搜索、监视和攻击任务。战略导弹核潜艇部队具有更好的隐蔽性、机动性和较强的生存力、战斗力，可在大洋深处长期活动而无须补给，遇有情况，能在指定的海域，根据最高统帅部的命令随时作出反应，并能给敌方陆上战略目标以有效的打击。战略导弹潜艇部队已成为一些国家战略力量的重要组成部分，对保障国家安全具有重要作用。各国海军潜艇部队的编成通常有两种基本形式：一种是以装备性能相同的潜艇编组；一种是根据任务或作战需要编组。

各国潜艇部队的隶属关系不尽相同。美军的核潜艇部队隶属于舰队或舰队的潜艇司令部，以中队为基本单位，由7~10艘潜艇编成；根据作战任务的需要，还将潜艇部队编入特混舰队。俄罗斯潜艇部队隶属于舰队的区舰队、分舰队，或编为潜艇区舰队、分舰队，直接隶属于舰队。日本联合舰队中编有潜艇舰队，下辖潜艇队群，队群辖2~4个潜艇队，队辖2~3艘潜艇。法国的战略核潜艇作为战略核力量之一，直接受三军参谋长指挥。

海军航空兵

海军航空兵是海军中主要在海洋上空进行作战任务的兵种。通常由轰炸航空兵、歼击轰炸航空兵、歼击航空兵、强击航空兵、侦察航空兵、反潜航空兵部队和执行预警、电子对抗、空中加油、运输、救护等保障任务的部队组成。具有远程作战、高速机动和猛烈突击的能力，是海洋战区夺取和保持制空权的重要力量，海军的主要突击兵力之一，能对海战的进程和结局产生重大影响。主要任务是：歼灭敌方海上力量，掩护和支持己方舰艇的作战行动；保护己方海上交通线，破坏敌方海上交通线；摧毁敌方沿海机场、基地、港口等重要军事目标，保护己方海军基地、港口的安全；进行海上侦察、巡逻、反潜、预警、布雷、扫雷、通信、引导、救护和运输等。有的国家海军航空兵战略轰炸机部队是空中战略力量的组成部分，与地战略导弹部队、导弹核潜艇部队共同构成国家战略进攻力量。

第一次世界大战前夕，英、美、法、日、俄等国竞相发展水上飞机，并开始建立海军航空兵。大战期间，海军航空兵主要执行海上侦察和为舰艇指示目标等保障任务。为扩大飞机的活动范围，一些国家将大型舰船改建为水上飞机运载舰。战后，英、美、日、俄等国有了第一批航空母舰和舰载航空兵，岸基航空兵进一步发展。随着海军航空兵成为争夺海上制空权、制海权的突击力量，各国海军“巨舰大炮制胜”的传统观念逐步改变，海战的样式发生了根本性的变化。第二次世界大战中，多数国家海军航空兵起初用于海上侦察、巡逻、反潜和保证己方舰船、海岸设施及部队免遭空中袭击。随着战争的发展，海军航空兵更多地用于进行争夺制空权、反舰、反潜、两栖支援等，在袭击塔兰托、袭击珍珠港、珊瑚海海战、中途岛海战等重要战役中，海军航空兵起了决定性的作用。战后，各国海军航空兵不断改进和更新装备，陆续装备预警、电子对抗和垂直、短距起落飞机，并普遍将直升机搭载在舰船上。20 世纪 60 年代，出现核动力航空母舰，进一步提高了海军航空兵远洋机动作战能力。1982 年英国与阿根廷的马尔维纳斯群岛战争，更加显示出海军航空兵在现代海战中的重要作用。

海军岸防兵

海军岸防兵是海军中部署于沿海重要地段、岛屿，以火力进行海岸防御任务的兵种。通常由海岸导弹部队和海岸炮兵部队组成。编有独立团、营（连）等单位，分属于海军基地或水警区。有的国家设有岸防司令部，编有旅，能独立作战，也可协同其他兵种进行作战任务，主要装备飞航式近程岸舰战术导弹和大、中口径火炮。海军岸防兵具有弹药、物资储备充足，战斗力稳定、投入战斗迅速，导弹命中率高、火力强，能依托坚固防御工事，坚持持久作战等特点，是海军海岸防御的陆上骨干力量。基本任务是：封锁海峡、航道，消灭敌方舰船，掩护近岸海区的己方交通线和舰船；支持海岸、岛屿守备部队作战，保卫基地、港口和沿海重要地段的安全。

早在公元前，一些濒海国家就有了岸防设施和兵力。14～15世纪，岸防兵随着配备岸防火炮的濒海要塞的出现而开始形成。18世纪以后，许多国家先后将岸防兵列入海军序列。19世纪，各军事强国的濒海岸段要地多筑有较为完善的防御火炮阵地，至20世纪初达到最盛时期。在第一次世界大战的达达尼尔海峡战役和第二次世界大战苏联卫国战争中，海军岸防兵都发挥了重要作用。第二次世界大战后，随着导弹武器的使用，许多国家建立了海岸导弹部队。苏联海军把海岸导弹（火箭）炮兵作为一个兵种。20世纪80年代末，世界各国海军岸防部队称谓不一，规模装备差异较大。苏联称海岸导弹炮兵，共编8000余人，营为最大的编制单位，主要装备“沙道克”（SS—C—1）或“幼鲑”岸舰导弹和203、152、130毫米火炮。越南海军编1个岸舰导弹旅。瑞典海军编5个海岸炮兵团（含若干导弹中队）。中东等地区的国家也编有海岸导弹部队。美、英、法等国家不设海军岸防兵，其海岸防御任务由海岸警备部队等担负。

中国的岸防有悠久的发展历史。宋元时期，在沿海建城设防，防御海盗。明朝，开始在沿海设有卫、所，并在海防要地修城筑堡，屯兵戍守。如戚继光、俞大猷统率步师和水师，抗击倭寇。嘉靖年间（1522～1566），装备铜炮，“大弹发及七百步”。清初，建水师，造炮台，防守海口。道光年间（1821～1850），海禁大开，海防益重。鸦片战争中，清军利用在虎门设立的炮台和设置的水中障碍阵地，抗击了英军战舰的进攻。此后，清朝在沿海要地构筑新式炮台130多座。后来，炮台几经整修，后在抗日战争中发挥了一定作用。如1932年“一·二八”淞沪战役，吴淞要塞阻日舰于黄浦江口达月余之久。

海军陆战队

海军陆战队是海军中担负渡海登陆作战任务的兵种。有的国家称海军步兵。通常由陆战步兵、炮兵、装甲兵、工程兵和侦察通信等部队、分队组成。有的还编制有航空兵，一般按师（旅）、团、营的序列编制。主要装备有步兵自动武器、轻便自行火炮、地空导弹、水陆坦克、两栖装甲输送车、气垫船、固定翼飞机和直升机等。其任务是：独立地或协同陆军实施渡海登陆作战、反登陆作战。在协同陆军登陆时，通常担任登陆先遣队，首先突击上岸，保障后续梯队登陆；也可配合陆军担负海岸防御任务。

15～16世纪，一些国家为了向海外扩张，建立了经过专门训练的登陆作战部队。17世纪中期，英国建立了海军步兵团。此后，俄国、葡萄牙、法国、西班牙、美国等先后建立了海军陆战团或海军陆战队。第二次世界大战中，海军陆战队迅速发展，各国的海军陆战队在登陆作战中发挥了重要作用。

第二次世界大战后，美、英等国还多次把海军陆战队用于局部战争，如美国在侵朝和侵越战争中，英国在马岛战争中，都使用了海军陆战队。中国在辛亥革命时，广东革命军曾组建海军陆战队。中国人民解放军海军于1953年建立海军陆战师。中国人民解放军海军陆战队，在参加解放一江山岛等沿海岛屿的登陆作战中，作出了重要贡献。20世纪90年代初，世界上有50多个国家和地区的军队编有海军陆战队。美国海军陆战队是独立兵种，由于其地位和作用独特，被美国人视为“第四军种”。美国海军陆战队是世界上最大的精锐部队，拥有总数大约为194000的男女队员，共有3个师与3个配有416架战斗机的空中联队，它甚至比大多数国家的整个军队都要大上许多。

海军陆战队在兵科中是一个特别的分支，他们所受的训练就是要让他们准备好来应付各种陆海空三军联合作战方式。第一支海军陆战队是在美国独立战争时正式服役，不过他们正式活跃于世上则是在这场战争之后。

美国国会在1798年7月再度建立海军陆战队，他们不屈不挠、严守纪律以及高适应性的传奇，也使得他们在19、20世纪的主要战争中都扮演着重要的角色。

空　军

在20世纪80年代以来的几次局部战争中，空军扮演着越来越重要的角色。

空军是主要进行空中作战的军种。由各种航空兵、地空导弹兵、高射炮兵及保障部队等组成。装备有歼击机、轰炸机、强击机、侦察机、运输机、直升机及其他作战支援飞机，具有远程作战、高速机动和猛烈突击的能力。主要任务是担负国土防空和支援陆军、海军作战，对敌人后方实施空中打击，并负责空运和航空侦察等任务。

第一次世界大战期间，飞机投入实战。战争初期交战国的飞机为800余架，战争末期超过1万架。1918年4月，英国首先建立第三军种——空军。第一次世界大战后，意大利军事理论家G·杜黑等人提出“空中战争论”，即未来战争胜负将取决于制空权的得失。第二次世界大战时期空军迅速发展，战争期间交战各方有70余万架飞机参战，空军组织编制扩大，出现集团军、军、师、团等单位，形成自己的作战指挥和训练保障体系，以及空军的战略战术原则与方法。空军参与所有的陆、海重大战斗行动，并独立完成了战略轰炸等任务，对推动战争发展起到了极其重要的作用。第二次世界大战后，各国运用科学技术的成果，大力发展空军。空军的打击能力、生存能力和作战快速反应能力越来越强，与其他军兵种协同更加密切。

中国在1911年辛亥革命后成立飞机队，开始发展空军。1949年11月11日中国人民解放军空军正式成立。朝鲜战争爆发后，年轻的中国空军入朝参战，共击落敌机330架，击伤95架。在后来的国土防空作战中，共击落来犯的美国和国民党飞机112架。空军现已发展成为装备现代化的多兵种合成军种。空军在保卫和支援社会主义革命和建设中做出了积极的贡献。

空军航空兵

20世纪末发生的几次高技术局部战争证明，空军航空兵在战争中的地位已经由传统的配角转为主角。

空军航空兵是在空中执行作战任务的空军兵种，是空军的主要组成部分和作战力量。现代战争中，空中力量已成为战争中首先使用、大规模使用和全过程使用的多功能军事力量。包括歼击航空兵、强击航空兵、轰炸航空兵、侦察航空兵、运输航空兵等。歼击航空兵是歼灭敌空中飞机和飞航式空袭兵器的兵种；强击航空兵是攻击敌地面部队或其他目标的兵种；轰炸航空兵是对地面、水面目标实施轰炸的进攻兵种；侦察航空兵是以侦察机为基本装备，从空中获取情报的兵种；运输航空兵是装备军用运输机和直升机，执行空中输送任务的兵种。

中国空军航空兵自 1950 年成立第四混成旅以来，不断壮大，已发展成由歼击航空兵、轰炸航空兵、强击航空兵、运输航空兵、侦察航空兵等多种航空兵组成的现代化空中力量。

空军雷达兵

在中国空军部队里，有这样一支部队。部队的官兵们与雪域高原、荒山孤岛、边塞隘口、戈壁大漠、天涯海角为伴，用警惕的目光编织成恢恢不漏的天网，日夜守卫着祖国的神圣领空。这支部队，就是被誉为“祖国千里眼”的空军雷达兵。空军雷达兵是以雷达获取空中情报的兵种、国家防空力量的重要组成部分，主要装备警戒雷达和引导雷达，主要任务是在各种气象条件下，不间断地探测、跟踪和识别空中目标，为航空兵等部队提供空中情报。

高射炮兵

在朝鲜战争中，中国人民志愿军高射炮兵与航空兵协同，击毁敌机 2335 架，击伤 7527 架，立下了辉煌战功。

高射炮兵是以高射炮武器系统为主要装备执行任务的炮兵。主要用于防空作战，歼灭敌空中目标，协助歼击航空兵夺取制空权。装备高射炮、高射机枪等武器系统，主要任务是保卫国家政治经济中心、军事要地、交通枢纽、军队集团以及其他重要目标，参加争夺制空权的斗争。通常与地空导弹兵共同执行作战任务，也可单独进行防空作战。出现于第一次世界大战中，现在仍为地面防空作战的主要力量。

强击航空兵

强击航空兵是装备强击机，从低空、超低空攻击地面和水面目标，直接支持地面部队、海上舰艇编队作战的航空兵。美、英、德等国称攻击机部队，隶属于空军或海军。主要任务是：支持地面部队进攻和防御作战，消灭和压制敌方战术、战役纵深内的导弹、炮兵阵地、集群坦克及有生力量，破坏敌方指挥机构和防御工事，破坏和封锁敌方交通运输；支持登陆部队登陆作战，协同地面部队消灭敌方登陆兵，协同海军编队突击敌方舰艇；支持空降作战，协同地面部队消灭敌方空降兵；参加争夺制空权，破坏敌方机场，消灭敌方机场上的飞机和人员，摧毁敌方雷达站；实施航空侦察。

第一次世界大战中，德国于 1917 年在陆军组建专门进行强击行动的航空分队，随后，英、法等国也组建类似的分队。这些分队装备歼击机或轻型轰炸机，主要用于攻击对方前沿的有生力量。大战后期到第二次世界大战前夕，一些国家生产了大量作战效能较好的强击机，并装备部队。苏联称强击机部队为冲击航空兵，并作为一个兵种，组建了 5 个大队，后又扩建为旅和师。德国组建了攻击机大队、联队和军团。美国建有攻击机中队、联队，攻击机的数量 1938 年已占作战飞机总数的 20%。中国国民党军队在 1936 年组建一支有 20 架美制 A—12 型飞机的攻击机大队。

第二次世界大战中，德国的攻击机部队和前苏联的冲击航空兵在数量、装备上都得到进一步发展（苏军 1943 年强击机数量占作战飞机总数的 30% 以上），成为直接支持地面部队作战的主要力量。担负的任务不仅是消灭和压制战场上对方的有生力量、技术兵器、防御工事，还突击对方浅近纵深内的机场和交通运输目标。美国战术空军的攻击机部队因装备陈旧而被淘汰，以战斗轰炸机部队直接支持地面部队作战。

随着飞机性能的不断完善，许多飞机不但可以作为歼击机，也具有强击机的功能，如苏—27、苏—29、B—2 等，由此产生了一个新的机种——强击机，这些飞机代表了今后发展的趋势。

轰炸航空兵

轰炸航空兵是装备轰炸机，对地面、水面目标进行突击的航空兵。美、英、法等国家称轰炸机部队，分属于空军和海军。按装备、任务的不同，可分为战略（远程）轰炸航空兵和战术（方面军）轰炸航空兵，前者装备中、重型轰炸机，后者装备轻型轰炸机。轰炸航空兵能投放航空炸弹、核弹、鱼雷和发射空地、空舰导弹，具有猛烈突击和远程作战能力，是空军的主要进攻力量。

主要任务是：消灭敌方导弹、核武器，摧毁、破坏敌方政治、经济中心和重要工业目标，参加夺取制空权、制海权的斗争，支持地面、舰艇、空降部队作战，以及实施航空侦察和电子干扰。有些国家战略轰炸机部队与地地战略导弹部队、海军弹道导弹潜艇部队相结合，构成战略核威慑力量。

轰炸航空兵是在第一次世界大战中诞生和发展起来的。当时，随着专用轰炸机的出现，法、德、俄、意、英等国陆续组建轰炸机部队，编有中队或大队。参战国的轰炸机数占作战飞机总数的14%～15%。两次世界大战之间，在意大利G·杜黑、英国H·M·特伦查德和美国W·米切尔等人的空中战争理论影响下，轰炸航空兵有较大发展。德、苏、英、法、意等国的空军编成中，轰炸航空兵的比例已达40%～50%。许多国家建立轰炸机联队、团或旅，少数国家的海军编有轰炸机中队。轰炸航空兵的指挥机构逐渐完备，作战保障体系开始形成。第二次世界大战中，轰炸航空兵迅速发展，成为空军的基本突击兵力，出现战役军团一级的航空队或空军集团军，能一次出动几百至上千架轰炸机，实施大规模轰炸。1945年8月，美国B—29重型轰炸机部队在日本首次投了两颗原子弹。战后，轰炸航空兵逐步以喷气式轰炸机代替活塞式轰炸机，装载并发展了核弹和精确制导武器，从而大大提高了快速远距突击能力、轰炸威力和命中精度。为对付日益发展的防空兵器的抗击，还采取低空进袭、电子干扰等措施，增强了突防能力。20世纪50年代末，由于战略导弹的出现，一度曾有人认为战略导弹将取代轰炸机。但后来的战争实践证明，轰炸机在机动能力与摧毁活动目标等方面要比战略导弹优越，不可能被取代。越南战争、第三次中东战争、第四次中东战争、马尔维纳斯群岛战争中，轰炸航空兵仍是空中突击的重要力量。

地空导弹兵

地空导弹兵是装备地空导弹武器系统，进行防空作战任务的兵种或部队。英、法、日等国称防空导弹部队，俄罗斯称防空导弹兵。主要任务是：保卫国家政治经济中心、军事要地、交通枢纽、军队集团以及其他重要目标，参加争夺制空权的斗争。必要时，还可用于摧毁敌方地面、水面目标。通常与歼击航空兵、高射炮兵共同进行作战任务，也可单独进行防空作战。地空导弹兵在现代防空作战中，具有重要的地位。

各国地空导弹兵的隶属关系、体制编制和装备不尽相同。多数国家地空导弹兵，按建制分属空军、防空军和陆军。地空导弹兵一般为旅、团、营体制，部队通常由火力分队、技术保障分队、指挥分队和其他勤务分队编成。装备有高中低空、远中近程地空导弹武器系统，能在昼夜间和复杂气象条件下，抗击敌机、飞航式导弹的空袭。俄罗斯防空导弹兵装备的萨姆系列防空导弹武器系统，能抗击高度0.1~29千米、斜距0.08~300千米以各种速度飞行的飞机和直升机。美国防空导弹部队装备的“罗兰特”、“霍克”、“奈基”和“爱国者”等各种型号防空导弹武器系统，能抗击从低空到高空、从近距离到远距离的空袭兵器，“爱国者”导弹还具有同时抗击多个目标的能力。

侦察航空兵

侦察航空兵是以侦察机为基本装备，从空中获取情报的航空兵。有些国家称侦察机部队，是军事侦察的重要力量，由专业侦察飞行部队、其他航空兵侦察飞行分队和情报处理机构组成。一般隶属于空军，基本编制单位为联队或独立团。具有高速机动和远程侦察能力，主要用于对敌方战术、战役和战略纵深内的重要目标实施航空侦察，提供各军种、兵种作战需要的有关情报。

第一次世界大战前夕，美、法、英、俄、德、意等国在陆军中组建飞机连、航空营或军事航空队，装备飞机、飞艇和气球，进行侦察和校正炮兵射击等任务。第一次世界大战中，侦察航空兵作为专门从事侦察的兵种正式形成，主要担负战术侦察任务。第二次世界大战期间，侦察机和机载侦察设备不断改进，侦察航空兵成为进行战术、战役和战略侦察任务的主要力量。战后，侦察航空兵在世界范围内得到新的发展。20 世纪 60 年代以后，美、苏侦察机数量一直占作战飞机总数的 10% ~15% 。

20 世纪 80 年代，许多国家编有规模不等的侦察航空兵，侦察航空兵的侦察装备不断改善，体制编制逐步改进，军事训练日益加强，现代条件下的实战侦察能力进一步提高。侦察航空兵实施侦察的主要方法是成像侦察、电子侦察和目视侦察。装备的侦察机，有专门设计的，有用歼击机、轰炸机、运输机改装的，一些国家还在发展无人驾驶侦察机和侦察气球。20 世纪 90 年代初，苏联远程航空兵、方面军航空兵和海军航空兵分别编有独立侦察航空兵团、大队或中队，装备米格—25P、图—95E 等型侦察机。美国战略空军、战术空军司令部都编有侦察机联队，海军航空兵、陆军航空兵分别编有中队和营，装备的侦察机有 SR—71、TR—1、RC—135 等。随着航空和遥感技术的发展。

军队对航空侦察要求的提高，侦察航空兵的发展重点是提高全天候机动能力、突防能力、综合侦察能力、情报信息的实时传输和处理能力。

空降兵

空降兵是以伞降、机降方式投入地面作战的兵种或部队，习称伞兵，一般隶属于陆军。最高建制单位在大多数国家为师或旅，少数国家为军。编成内有步兵、炮兵、装甲兵、工程兵、航空兵、通信兵及其他专业部队、分队。

人员经过专门的空降训练，武器装备轻便，能伞降或机降。具有空中快速机动能力，能超越地理障碍和地面防线。直接进入敌后进行突然袭击，是用于快速部署和纵深攻击的重要力量，既能配合正面进攻（或登陆）部队作战，也能在敌后独立作战。基本任务是：对敌方政治、军事、经济等战略要地实施突然袭击；夺取并扼守敌方战役、战术纵深内的重要目标或地域；在敌后进行特种作战。

第一次世界大战中，已有军事专家探索建立空降兵的问题。1918 年，美国W·米切尔等曾提出用轰炸机群将1个步兵师空降到德军战线后方实施攻击的设想。战后，运输机、降落伞的发展，为建立空降兵提供了物质基础。

前苏联于1930年开始试建空降兵支队，1932年扩编为空降兵旅。随后，德国、法国、意大利等也相继组建空降兵。第二次世界大战中，空降兵迅速发展，并大规模用于作战。大战初期，前苏联有5个空降兵军，德国有2个空降兵师。

以后，前苏联发展到10个空降兵军。德国发展到1个空降兵集团军（8个师）。

美国、英国、日本于1940年开始组建空降兵。大战结束前，美国有5个空降兵师和数个独立空降兵团，英国有3个空降兵师和数个独立空降兵旅，日本有1个空降兵师。战争中，交战国进行各种不同类型的空降作战100余次。

德国于1940年4月闪击丹麦、挪威时，首次成建制使用空降兵。空降1个伞降团和3个机降团。美、英、波军在1944年9月进攻荷兰的“市场花园”战役中，使用空降兵的规模较大，投入1个空降集团军，共3个师又1个旅，计3.5万余人以及大批火炮、车辆和其他作战物资。战后，编有空降兵的国家越来越多，空降兵的体制编制、武器装备不断改进，技术水平不断提高，在局部战争中被广泛使用。如法军在印度支那战争中，美军在侵越战争、入侵格林纳达和入侵巴拿马中，前苏军在入侵阿富汗战争中，英军在马尔维纳斯群岛战争中，以色列、埃及、叙利亚等国军队在中东战争中，都使用了空降兵。

20世纪90年代初，世界上近80个国家有不同规模的空降兵。其中，30多个国家编有师或旅，兵力最多的是俄罗斯和美国。俄罗斯统帅部直辖数个空降师，空降师是空降兵基本的合成战术兵团，每师编9200余人；方面军辖有空降旅或空降强击旅，旅为空降兵的合成战术兵团，每旅编2500余人；集团军辖有独立空降强击营，每营编400余人。美国陆军有1个空降师，1个空中突击师以及特种空降作战部队。印度尼西亚陆军有3个空降兵旅。日本陆上自卫队有1个空降旅。印度陆军有9个伞兵营、突击营。

随着空中输送工具和地面武器装备的不断发展，空降兵的空中、地面机动能力与作战能力将进一步增强，任务范围将不断扩展，组织结构将进一步向体系化、多样化方向发展。

特种部队

特种作战部队是经过特殊训练，具备灵活应变的能力，主要在非常规作战中执行特殊任务的部队。在一些国家军队中，担负破袭地方重要政治、经济、军事目标和执行其他特殊任务的部队。一般由最高军事指挥机关直接指挥和领导，少数国家由国防部领导。具有编制灵活、人员精干、装备精良、机动快速、训练有素、战斗力强等特点。其主要任务是袭扰破坏、暗杀绑架、敌后侦查、窃取情报、心战宣传、特种警卫，以及反颠覆、反特工、反偷袭和反劫持等。队员素质要求高，一般从侦查部队和空降部队中挑选体格健壮、机智勇敢、文化程度高、具有献身精神和有一定作战经验的人员。装备轻便、先进、高效，以手枪、匕首、步枪、冲锋枪、轻便枪、手榴弹和掷弹筒等轻武器为主，还配发高级无声枪械、高级暗杀器械和药品、微型通信器材、特种爆破装置及水下作业装备。有的还配备特种作战车辆、飞机和舰艇，以及各种侦查器材、轻便工兵器材等。

美国特种部队

美国陆军游骑兵部队

在美国众多的特种部队中，游骑兵（又称突击兵或特攻队）是一支历史悠久、武力强悍的精锐部队。拥有光荣历史与优秀传统的游骑兵，凭着不畏不惧的精神和毅力在各地执行世界警察的角色，并获得国际上的认同与赞扬。基本上游骑兵属于轻型步兵，它可以运用各式交通工具迅速进入战区执行任务，因此往往在其他特种部队抵达之前，游骑兵就已经完成了任务。

就如同代表游骑兵精神的座右铭“游骑兵，做前锋”和绣着 RANGER

字样的黑色贝雷帽及飘带型臂章，一直是游骑兵荣耀与尊严的象征。

游骑兵的历史起源较美国建国还早，第一批游骑兵部队是非正规军，曾在18世纪的法国与印第安人战争期间作战。其中最著名的是以其部队指挥官为名的罗杰游骑兵。在整个20世纪，美国陆军不断在战时期间成立游骑兵营，但都在其后不久的时间内又解散他们——只有在下一次的冲突中才会发现又需要他们。现今的游骑兵是在1973年的以阿战争之后组合而成。

美国陆军认识到在未来，为能快速部署至中东地区或其他战略要地，需要一种特别行动部队。这样的一支部队必须有能力将营级空降突击的所有装备，全部空降至敌线后方。第75步兵团（游骑兵）之第一营（游骑兵）在1974年1月于班宁堡成立，第二营则于同年10月份在华盛顿州的路易士堡成立。

在美国特种指挥部的统筹之下，游骑兵常常与陆军特种部队，第82空降师，三角洲部队，海军海豹特种队，空军特种部队等单位联合作战。以特种部队先锋自许的游骑兵深得美国政府信任，因此除了执行特种任务外，游骑兵也时常进行一般轻装步兵任务。不论战争的成败，“游骑兵，做前锋”这句话将永远深藏在每一位游骑兵队员的心中。

美国“三角洲”部队

“三角洲”部队创立者美国陆军上校查尔斯·贝克韦斯曾在1962年至1963年服役于英国皇家空降特勤队，当他回到美国陆军后一直企求成立一个单位，其组织、构想和功能要与空降特勤队一样。

在经过长期争取后，这个新部队——名为第一特种部队作战分遣队——在1977年11月19日获正式认可。

“三角洲”部队基地设在北卡罗来纳州的美陆军大型军事基地布拉格堡，大约有360名成员，分成A、B、C三个中队，然后再分成若干小队。各小队中还进一步分工，但五角大楼对此严守秘密。三角洲部队的主要任务是处理影响到美国利益的恐怖活动，按照当时随处发生的这些意外而言是非常适时的需求，在其正式成立后，“三角洲”部队开始着手挑选与训练其人员，并顺利完成了几项任务。

海豹特种部队

凡举世界上著名的特种部队中，美国海豹特种部队的名气可以说是名列前茅。

在媒体的宣染与优秀的战绩下，海豹特种部队的知名度可以超越世界上任何国家特种部队，尤其在训练方式与战术运用方面更成为多国特种部队的标杆。也是各国特种部队中战争成功机率最高的，在越战、格林纳达、海地、巴拿马、沙漠风暴中都有其身影。

“海豹”特种部队全称为美国海军三栖部队。这意味着“海豹”特种部队的队员不仅要能执行水下侦察任务和陆上特种作战任务，还能以空降形式迅速前往战区、渗透敌后，往往在敌人察觉之前就已经完成了任务。此外除了拥有先进的配备外，其严格训练亦是其他特种部队所无法相比的。因此每位通过严格训练的海豹蛙人，都会将胸前的海豹队徽视为毕生最高的荣耀。

“海豹”特种部队成立于 1962 年，其前身是第二次世界大战中的海军水下爆破队，但此时他们的主要任务是搞水中侦察。越战是“海豹”特种部队迅速发展壮大的年代，其间“海豹”特种部队执行过包括突袭、侦察、暗杀等多种任务。近些年来“海豹”特种部队行动方式更加多变，如 1991 年海湾战争中为转移伊军视线进行迷惑性的两栖登陆；1993 年索马里摩加迪沙街道上的市区作战；以及 2002 年阿富汗山地中追踪塔利班政权武装分子“基地”恐怖分子组织等行动。

美国海军的“海豹”特种部队由海军特种作战司令部指挥，他们分成 8 个分队，总兵力约 2000 人。总的来说，每支分队各有其固定的作战区域。比如，基地设在美国西海岸的一、三、五分队分别负责亚洲、中东及韩国的作战任务。东部沿海的二、四、八分队则将欧洲、南美及非洲作为其作战区域。

其他的“海豹”分队也有各自负责的重点区域，如执行国内反恐任务等。目前“海豹”特种部队的任务包括侦察、协防、非常规战争、直接行动和反恐怖 5 项。

海豹队徽是由一只老鹰两脚各抓一支枪与鱼叉围绕着海锚所组成。由于队徽很像某啤酒厂牌的标签，所以海豹队员都戏称它为“百威徽章”。海锚代表美国海军，老鹰则代表美国自由的精神，枪象征着捍卫美国的坚定信念，鱼叉则代表海豹蛙人在海上战斗的本能。

英国特种部队

英国皇家空降特勤队目前的组织包括 3 个团，每团都有 600 ~ 700 人。第 22 空降特勤团是全正规部队，第 21 和 23 团隶属于地方自卫队。他们之间有着非常密切的合作关系。两个地方团也同样经过正规部队的基本训练，以确保其专业水准。

英国皇家空降特勤队成立于二次大战初期，那时许多的“特殊”单位也相继兴起。最早成立的是“L 分队”。直到 1942 年 10 月该单位才增至 390 人，并且更名为第一空降特勤团。在多次的重组和一段时间的扩充后，七宗的一个旅是在 1944 年 1 月于苏格兰成立的，包含两个英国团、两个法国团、一个比利时中队和一个通讯中队。英国皇家空降特勤队经历了所有的沙漠战役，在意大利和欧洲西北部，因以训练精良的小队深入敌后独立作战，而赢得良好声誉。

俄罗斯特种部队

“阿尔法”特种部队是前苏联于 20 世纪 70 年代为反恐而建立的。

1974 年 7 月 14 日，苏联国家安全委员会主席尤里·安德罗波夫下达命令，在克格勃系统内组建一支专门的特种小分队，专门担负反恐任务，这支反恐怖突击队最初被命名为 A 小组，它就是“阿尔法”特种部队的前身。组建之初，“阿尔法”特种部队只有 30 名成员，他们全是身手不凡的克格勃年轻军官，且全部是通过了严格考试后才跻身这支精锐特种突击队的。

经过长达 5 年的艰苦训练，“阿尔法”特种部队首次执行任务。1979 年 7 月 28 日，一名恐怖分子身藏爆炸装置，潜入美国驻苏联大使馆，要求美方外交人员护送他离境，否则就要引爆炸弹同归于尽。“阿尔法”特种部队奉命出击，迅速制伏了恐怖分子，而且没有发生任何伤亡。“阿尔法”特种部队首次行动就干脆利落地完成了任务，这给人们留下了深刻的印象。

俄罗斯独立后，叶利钦将“阿尔法”特种部队编入联邦安全局。1993年10月，以副总统鲁茨科伊和议长哈斯布拉托夫为首的反对派聚集在议会大厦，与叶利钦分庭抗争。“阿尔法”特种部队被指派进攻议会大厦，但他们这次未发动攻击，而是力尽自己所长与白宫保卫者们展开了谈判，为他们提供了个人安全保障，促使几百名议员和普通公民主动撤出，避免了事态恶化和进一步流血。

“阿尔法小组”的成员都配备有马卡洛夫式手枪、微型冲锋枪、多用匕首等全套特种作战装具。为有效地控制各种局面，“阿尔法小组”还配备了各种特殊的反恐怖武器，如特制的手榴弹和特种杀伤武器等。入选阿尔法人员的标准是：身体健康、心理稳定、年龄在22～27岁、服过紧急兵役。如果候选人符合所有要求，就有机会参加专门的考试。

法国空降突击团

在每年一度的法国国庆典礼阅兵式受阅部队中，法国空降突击团方队以其独特的红色贝雷帽、手枪、匕首和卡宾枪的3件套装备和整齐威武的队伍出现在广场上，格外引人注目。

法国空降突击团是法国军队特种部队，属陆军战斗序列。编制兵力1000～1200人，有地面、海上、空中3个突击大队，大队下设中队和小队，其基本战斗单位是编有20～25人的小部队和编有3～5人的特别行动小组。配备有现代化、轻型化的武器装备，机动工具、攻击兵器和单兵装具等配套齐全，可执行各种特种作战任务。他们的训练严格，特别是体能训练和生存训练可以说是极为“残酷”。经过各种条件下适应性训练的突击队员，可以随时奔赴世界任何地区担负作战任务。法国空降突击团历经两次世界大战和数次殖民战争以及海外军事干预行动，特别是在1978年协助扎伊尔军队反击苏古雇佣军和1994年协助卢旺达政府军反击反政府力量的海外干预行动中，发挥了特殊的作用。在海湾战争中，深入敌后侦察，获取了伊军的第一手情报，为多国部队顺利实施“沙漠风暴”作战行动提供了良好的侦察保障。

以色列特种部队

1953年，以色列开始着手组建了自己的特种作战部队，它的兵力都是从陆军中精心挑选出来的、具有特殊技能的训练尖子，然后将这支新成立的部队命名为以色列第101部队。到了1954年，以色列考虑战争和应付国内突发事件、制止内乱的需要，决定将第101部队与伞兵旅合并，改为第202伞兵旅。该旅主要由旅部和4个营以及其他支援部队编成。

1967年，在第三次中东战争中，第202伞兵旅又改称第55伞兵旅。1960年以后，以色列使用特种部队作战颇为频繁，由应急作战转换为执行反恐怖任务。目前，以色列的特种作战部队作为一个特殊的兵种，是一般任务部队的加强和补充，它在应付突发事件、敌后侦察、实施心理战、特工破坏、反恐怖等方面近年来发挥了重大的作用。

德国特种部队

德国边防军第9反恐怖大队

德国边防军第9反恐怖大队，在德内部称为“边防第九旅”，又名“边防第9大队”，简称“G3G9”。共有队员约350名，编成多个战斗组，它始终处于临战状态，在人员上、技术上及战术上已全部实现了现代化，战斗力极强，是一支世界闻名老牌特种部队，特别令人称道的是，甚至以色列也曾请求第9边防队给予协助。

联邦德国从20世纪60年代后半期开始，经济复兴取得了世人瞩目的成果。与此同时，恐怖集团也在形成，暴力活动日见猖獗。当时，有人建议效仿英、美国家，设立反恐怖特种部队，以打击国内国际的恐怖活动。但因国人普遍对特种部队持反对态度，此建议因而遭到多数人的反对。德国政府为避复活纳粹之嫌，迟迟未正式组建特种作战部队。

但在20世纪70年代恐怖分子非常猖獗，使联邦德国非常被动，为了有效打击恐怖活动，联邦德国决定采纳一位与以色列特种部队关系密切的反恐怖专家的建议，于1972年到1974年便创建了一支专门从事反恐怖主义的特制干预部队，于是“边防第9反恐怖大队”终于降生了。它的孪生兄弟——各州属“机动特种大队”也同时问世。这支部队除了在国内的行动获得充分授权外，也具备国际特警的外交豁免权，以保护德国在国外人员及资产的安全。

根据分工，边防军第9反恐怖大队主要对付好战的犯罪集团，各州的特种大队主要负责监视、缉捕或采取隐蔽的行动来对付单个的作案者。因此，边防第9反恐怖大队通常在发生严重的绑架、谋杀、劫持人质、暴力骚扰和保护国宾以及德国政府首脑和政治家时才动用。派遣出击的命令由内政部长通过“热线”发出。

边防军第9反恐怖大队与其他国家的特种部队有所不同，它实际上是特种警察部队，在组织上隶属内务部，归内务部长指挥。目前，边防军第9反恐怖大队由司令部、4个突面部队和一个专家技术组组成，编制为200人，而目前实际拥有队员300人。

其任务主要是在非常时期担任重要人物的保卫、与恐怖组织作战等。成员大多是具有冷静、沉着性格的中年人。大约每30人为一个战斗组，全队可分为6~10个战斗组。他们驻扎在波恩附近桑克—奥古丁一栋现代化的大楼里。

边防第9反恐怖大队的队员都是从志愿参加者中招收，择优录取。人员主要来自联邦边防部队或正规警察部队服役一年以上的军人。

为了能成为第9边防队正式成员，这些20~25岁的年轻人要经过一系列的严格考验。仅第一阶段的心理分析就要持续4~5小时。只有30%的人能够通过这种考验。

边防第9反恐怖大队携带多种特种装备，如：微光夜视镜、特制手溜弹、微型手枪、催泪弹、微型高灵敏度无线电报话机、特种攀登装备、强光型鹰眼探照灯，以及司穿透厚30厘米的砖或高级防弹玻璃的高爆子弹等。队员的制式装置主要是德国HK公司生产的MP系列9毫米冲锋枪和每支价值3000马克的毛瑟66型精确步枪。所携枪支皆配有消音器。其200名队员每人都有标有自己名字的专用武器。

边防第9反恐怖大队的队员平时穿黑色制服。根据不同的任务，选穿防弹背心、防火服、弹簧靴、戴四角防弹帽以代替贝雷帽。但在某些行动中，有时穿的则是和空降部队相同的迷彩装。

KSK 特种突击队

德国 KSK 特种突击队是世界主要国家特种部队中的一支新秀，是德国联邦国防军危机反应部队的一部分，隶属特别行动师（DSO），具有反应快、作战能力强的特点，可随时部署到全球各地、在各种地形和气候条件下执行任务。其结构和使命与英国空军特种部队（SAS）以及美国特别行动部队中的特种部队非常相近。

KSK 特种突击队是第二次世界大战后德国建立的第一支军方特种部队。1994 年，德国联邦国防军指导参谋部和负责法律咨询的法律部门开始策划创建特种部队。1995 年，德国联邦国防军在德国政府的支持下开始了筹建 KSK 特种部队的具体工作。后年 9 月，德国联邦政府颁布了一份《建立特种部队的计划和目的》的标志性文件，从而在法律上确定了 KSK 的组建，KSK 特种部队的创建由此迈出了实质性的步伐。1996 年，KSK 特种突击队正式成立，驻地在德国巴登—符腾堡州州府斯图加特以西 30 千米处的卡尔夫。

KSK 特种部队编制的 1000 名人员中，有 850 名是职业军人和雇佣军，另外 150 名义务兵只负责后勤支援工作。KSK 部队由司令部，参谋本部通信连，侦察连，第 1、第 2 突击队，第 3、第 4 突击队，支援连队以及训练试验中心七大部分组成，后五大部分更是 KSK 的中坚力量。

为执行各种特殊而艰巨的任务，KSK 特种突击队的队员必须身体素质优秀、军事能力突出、意志坚强、心理素质高、具有良好的团队精神和高度的使命感、愿意到国外执行任务，因此对队员的选拔非常严格。由于培训时间长、投入资金大，德国联邦国防军规定 KSK 队员的最低服役年限为 6 年，职业军人和雇佣兵可延长在 KSK 服役的时间。

KSK 的编制虽然只有 1000 人，但武器装备却多达 2 万多套（相当于联邦国防军 9000 人的师所配备武器的数量），执行任务前根据任务特点从中选择。其中大部分都是德国联邦国防军的标准武器，但需要时可以进行现有的武器革新和改进。KSK还在一定范围内配备了现代化装甲车。

在轻武器方面，KSK建立之初使用G3突击步枪，1997年开始装备标准的G36（HK50）突击步枪；手枪装备的是P8、P12以及MP7全自动手枪；重机枪和班机枪则分别是MG3和HK21/23。使用的冲锋枪是改进版的MP5，包括MP5 K和擅于无声偷袭的MP5 SD。在KSK使用的多种狙击步枪中，最著名的有国际精准公司制造的G22。HK512霰弹枪则为KSK提供了超强的近距离火力。

在反装甲武器方面，KSK配备了可重复使用的“铁拳3”单兵反坦克火箭发射系统，可对300～600米射程内的活动目标进行有效打击。此外，“铁拳3”还可以配装了适合夜间作战的图像增强瞄准具。

在运输工具上，KSK除可以随时使用陆军的直升机外，还装备了“野狼”吉普车、乌尼莫戈型2吨卡车和奔驰G型货车。在冬季或极北寒冷地区作战时，使用最大功率50马力、时速可达100千米的“斯基多”摩托雪橇，可把突击队员或260千克的装备物资快速运送至150千米以内的任何地方。在热带丛林作战中，则装备了折叠式双人皮筏艇。该艇净重35千克，有2个充气口，可装载350千克的装备、武器、弹药等。

KSK装备世界上最先进的通讯设备，包括现代保密高频和甚高频无线电设备、卫星通讯设备和便携式电脑。配备的改进型凯夫拉头盔，可使队员通过喉部麦克风在行动中互相联络、协调战术行动。

法国特种部队

法国是倍受恐怖组织青睐的“圣地”，成为欧洲地区恐怖组织的基地与温床，许多恐怖组织都在巴黎设有秘密指挥部，从而使法国成为情报与反情报、恐怖与反恐怖行动的混战战场。数十年来，来自法国国内、国外的各种恐怖组织，制造了一系列骇人听闻的恐怖事件，袭击、爆炸、暗杀、绑架，无所不为。

法国反恐怖突击队是在国际恐怖主义狂潮下应运而生的。1973年，沙特阿拉伯驻法国大使遭到恐怖分子的袭击，使法国政府感到大失体面。为了对付日益猖獗的恐怖分子，法国政府在1974年正式成立了一支专门从事反恐怖的部队：法国国家宪兵干预队（GIGN）。作为宪兵部队的一部分，直接受法国国防部领导。由于突击队在执行反恐怖作战任务时，总是身着一身黑衣黑腰带，故称“黑衣人”。

法国国家宪兵干预队在法国政府的大力支持下，在短短的几年内迅速崛起，成为一支不可忽视的反恐怖新生力量。目前 GIGN 有队员共 80 余名，军官 4 名，编为 4 个突击分队。自成立之日起，它就像一把神奇的“达摹克利斯”宝剑，时刻悬挂在恐怖分子的头顶。作为一支专门从事反恐怖活动的特种突击队，不仅在欧洲而且在世界上也是赫赫有名的。这支部队总共执行了各种任务 600 余次，解救人质 450 名，逮捕了 550 名恐怖危险分子，从而以其赫战果成为世界精锐部队中的佼佼者。

法国国家宪兵干预队的武器装备精良性能卓越非凡，法国政府非常舍得投入，法军研制的各种武器装备总是最先交给特种部队使用。先进的武器装备使突击队在执行反恐任务时如虎添翼。其主要配备法制武器装备，包括各种轻武器、爆破器材、光学夜视器材、通信设备等，运输工具则有雪铁龙 CX 和 BX 型快速干预车、“小羚羊”直升机、舰艇以及用于侦察的汽车和摩托车。

GIGN 配备的手枪是马特拉防卫公司的 MR73 宪兵型转轮手枪。该枪虽然火力有限，但在训练有素的 GIGN 队员手中，足以发挥致命威力。GIGN 成立之初曾使用过法制 MAT499 毫米冲锋枪，但由于突击队员在营救人质时，并不能端着冲锋枪冲进房屋一阵扫射，而需要进行精确点射以最大程度上消灭恐怖分子，又避免伤及人质，所以后来选用了德制 MP5 系列冲锋枪，主要有 MP5A3、MP5A5 伸缩枪托型，MP5SD3 伸缩枪托消声型，以及 MP5KA5 短枪管型等。在狙击步枪方面，GIGN 仍采用法制 FR—F1 及 FR—F2 等两种狙击步枪。FR—F2 狙击步枪的枪管外包了一个薄塑料隔热套，既可减少热气对瞄准线的干扰，又可降低武器的红外特征。在马赛机场人质救援行动中，GIGN 狙击手就用 FR—F2 狙击步枪击毙了 6 名恐怖分子。

在单兵防护装备方面，每个突击队员配一顶黑色、玻璃钢材料制成的 M78F—1 头盔。在执行危险任务时，GIGN 队员还要穿上用凯夫拉防弹材料制成的防弹背心，防弹背心内侧装有摩托罗拉 MTS200 通信装置，它可保障

20 小时的受话时间，信号接收范围为 10 多千米。自组建起，GSM 数字移动电话和 GPS 全球定位系统就已经成为每个队员的标准装备。

此外，在执行任务时，队员还带有各种型号和用途的手榴弹，如破片型、闪光型和眩目型手榴弹。另外，还装备有催泪弹。

意大利特种部队

GIS 特勤组于 1978 年成立，目的是对付当时逐渐在意大利横行的恐怖主义。该单位成员是从意大利陆军空降旅下的第 1 空降军骑兵营中挑选出来的。当时公布的人数大约有 80 名。成员的体能及心智状况都可称得上是“超级枪骑兵”。

据一名 GIS 教官说，目前，人员的甄选是每年举行 2 次，由意大利塔斯卡尼亚军团各部队指挥官推荐人选，由 GIS 负责甄选与训练。

为保证指挥网络的快速灵活，GIS 的行动部署由意大利中部枪骑兵团负费指挥。GIS 下辖 3 个分队，其中有 2 个突击中队，而第 3 个则是训练中队。训练中队由武器，特殊装备、伞训、山训及雪地训练专家组成。除训练新进队员外，必要时也充当突击中队的预备队。每个中队下各有一狙击侦搜队。他们是 GIS 最精英的单位。每名狙击侦搜队员都必须在突击中队服役役 2 年以上，才能转调到狙击侦搜队。狙击侦搜队在行动中担任情报汇集、目标观测与狙击任务。因此从行动实质意义上说，狙击侦搜队是 GIS 行动时的耳目。

为确保意大利的目家安全与利益，GIS 固定保持一个 24 小时警戒待命组。在接到通知后，可随时出发至任何地点执行任务；在警戒待命组受命出动后，第二个预备待命组即完成战备工作；如果情况紧急，则第三个行动组可在 3 小时内完成战备工作，为使 GIS 保持足够的机动能力，GIS 拥有本身编制内的机动运输车队，其人部分车身都没有任何标志。为了提高 GIS 的立体机动能力，GIS 还配备了数架 AB412 型直升机，此外在距 GIS 驻地约 20 千米处的比萨空军基地，也备有数架 G222 型运输机，随时待命承但 GIS 的长程机动运输任务。

GIS 队员的标准个人装备包括：意大利自制的凯夫拉访弹头盔（头盔后

缘均标有该名队员的号码，以便在行动中辨认)；1 具 SP—10 型防毒面具；防弹背心；自制的“北爱尔兰式”强化手套。此外，每名队员的整套防护装备还搭配 1 具仅挂在喉部的微型麦克风。

GIS 采用阿迪达斯公司制的战斗靴，靴底经过特殊的防滑处理，以增加在光滑表面（如机翼）上的抓地附着力。在进行反恐怖行动时，GF 队员还会配备被称为“恶魔”头套及“SOV 战术背心”两者均为意大利自制。

GIS 队员的个人武装为伯莱塔 M92F 型 9 毫米半自动手枪，弹匣容量为 15 发，保险装置及弹匣释放钮左右手均可操作。在自动武器方面，则有弹匣容量为义 32 的伯莱塔 Ml2S 及德国 H&K 制 MP5 系列 9 毫米冲锋枪。所有的冲锋枪均配备激光标定器及夜视镜。

GIS 狙击手所用的狙击枪有三种，两种为德国 H&K 制 7. 62 毫米口径的 G3/SG1 及 PSG1 半自动狙击枪。其中，G3 的弹匣容量为 30 发，使用可调式瞄准镜。PSG1 则为 5 或 10 发弹匣，采用放大 6 倍的瞄准镜。另一种则为德制毛瑟 86SR 型手动狙击枪，弹匣容足为 9 发，可使用与 G3/SG1 狙击枪相同的瞄准镜。除一般瞄准镜外，上述 3 种瞄准镜都可加装最新型的夜视放大瞄准镜，以方便在夜间及光线不足的情况下使用。

名将风云

古代名将

孙　武

孙武（约公元前535～?），中国古代军事学家，古代军事理论奠基者，春秋末期吴国将军。亦称孙子。字长卿。齐国乐安（今山东惠民，一说博兴，或说广饶）人。据唐以后典籍记载，为齐国田氏（即陈氏）后裔，祖父田书伐莒（今莒县）有功，被齐景公赐姓孙氏，子孙因从此姓。

周景王十三年（公元前532年），齐国内乱，田、鲍两族与栾、高两族相攻，孙武避乱出奔吴国。身处诸侯争霸、列国兼并、大夫争权、社会变革的动乱之世，为寻求以战止战、保国安民的途径和方法，入吴后长期避隐深居，潜心研究兵学，总结春秋时期及其以前的战争经验，著书立论，成兵法十三篇。值吴王阖闾即位，在行人伍子胥辅佐下，整军经武，增强国力，欲破楚以图霸，经伍子胥多次举荐，以所著兵法十三篇献吴王阖闾，深得阖闾赞赏，被任为将军。传说曾在吴宫演练宫女，"小试"兵法，诛斩违犯军令的吴王二宠姬，反映其从严治军的为将之道。

孙武被任命为大将之后，积极协助吴王发展政治、经济和军事力量，为吴国的兼并战争立下了卓越的战功。吴国当时能够成为春秋末期的一大强国，是与孙武的贡献分不开的。但孙武在西破强楚回吴后，看到吴王"恃其强盛，四境无虞，骄乐必生"，归隐山里，终年亦不知其详。

孙武在吴国的兼并战争中军功卓著，但其更重要的贡献是他总结了春秋以来中国古代战争的经验和规律，结合自己的战争实践，完成了他的兵法十三篇。首先，在战争的问题上，孙武强调了战争的重要性及其不可避免性。《孙子兵法》开宗明义地指出："兵者，国之大事，死生之地，存亡之道，不可不察也。"

孙 武

其次，在战略问题上，孙武强调了政治、经济和领导战争的将帅在战争中的作用，提出了以"不战而屈人之兵"为核心的"伐谋"、"伐交"的"全胜"战略思想。

在战争与政治的关系上，孙武认为政治的好坏对战争的胜败具有重要作用。他说："修道而保法，故能为胜败之政。"就是说只有修明政治，从而保证法律的贯彻实行，才能掌握战争的主动权。

在战争与经济的关系上，孙武的认识更为深刻。战争对国力的消耗是十分惊人的。因此，孙武强调速战速胜的思想，他还强调作战时要尽量"取用于国，用粮于敌"，不增加赋役，不多征军粮，而以夺取敌人的给养来补充自己。

再次，"知彼知己，百战不殆"的作战指导思想和主动灵活、"避实而击虚"等战术问题，也是孙武军事思想的重要内容。

"知彼知己，百战不殆"，是孙武指导作战的思想基础，也是他军事思想的精华。这就是说，只有确切了解敌情、我情、地形、气候诸方面的实际情况，进行周密的分析比较，发现敌方的可击之处制定出自己的作战方案，才能对战争做出正确的指导，进而取得战争的胜利。

在作战指挥上，孙武强调要“求之于势”，主动灵活，充分发挥战争指导者的主观能动作用，造成有利态势，以达到克敌制胜的目的。“避实而击虚”，使战争的态势有利于己。

蒙　恬

蒙恬（？~公元前210年），秦朝名将。秦将蒙骜之孙、蒙武之子。祖籍齐国。秦始皇帝二十六年（公元前221年），凭家世为将，随将军王贲攻齐。因破齐有功被拜为内史（秦朝京城的最高行政长官）。秦始皇帝三十二年，奉命率30万大军北击匈奴。收复河南地（今内蒙古河套南伊克昭盟一带），自榆中（今内蒙古伊金霍洛旗以北）至阴山，设三十四县。又渡过黄河，占据阳山，迁徙人民充实边县。其后，主持筑长城，在燕、赵、秦旧长城基础上缮治增修，使连为一体，屏障北方，自临洮（今甘肃岷县）直达辽东郡（治襄平，今辽宁辽阳），长5000余里。又修直道，由九原（今内蒙古包头西南）到甘泉（今陕西淳化西北），凿山填谷，长1800余里（一说未竣工），便于用兵。蒙恬征战北疆10多年，威振匈奴。

蒙　恬

始皇三十七年（公元前210年）冬，秦始皇游会稽途中患病，派身边的蒙毅去祭祀山川祈福，不久秦始皇在沙丘病死，死讯被封锁。因早先赵高犯法，蒙毅受命公正执法，引起赵高对蒙氏的怨恨。胡亥即位，便遣使者以捏造的罪名赐公子扶苏、蒙恬死，愤而吞药自杀。

韩　信

韩　信

韩信（？～公元前196年），秦末汉初著名军事家。淮阴（今江苏淮阴西南）人。本为布衣，家贫，曾求食于漂母，受辱于屠儿。始附项梁，继属项羽，屡次进言，不被采纳。汉王元年（公元前206年），弃楚投汉。先为管理仓库的连敖，继因夏侯婴荐举而升治粟都尉。屡与萧何接谈，被视为奇才。自认不会被刘邦重用，乃不辞而别。旋被萧何追回，恳切荐于刘邦。七月，被拜为大将。受任伊始，即剖析天下形势，陈说刘项短长，为刘邦定下东征方略。汉王二年五月，收集彭城之战后大败而归的汉军余部，与刘邦会于荥阳（今河南荥阳东北）。率兵阻击楚追兵，汉得以重振旗鼓。其后，独当一面，开辟北方战场，为灭楚兴汉做出巨大贡献。八月，以佯作正面进攻、实则翼侧偷袭的战法，破魏军，俘魏王豹（见韩信破魏之战）。后九月击代，擒代相夏说。汉王三年十月井陉之战，背水设阵，歼灭赵军，杀代王陈馀，获赵王歇。其“置之死地，使人人自为战”（《史记·淮阴侯列传》）的大胆决策，是“知己”而用兵的典范。汉王四年十月，袭齐，进克临淄（今山东淄博东北）。继在潍水之战中，采取壅堤堵水、佯败诱敌、半渡而击等战法，大败齐楚联军，杀楚将龙且，擒齐王田广。平定齐地后，自请为齐王，致刘邦疑忌。犹一心侍汉，断然拒绝项羽使臣及部下谋士劝其三分天下，鼎足而居的游说。汉王五年十二月垓下之战，指挥汉军聚歼楚军。后来，被刘邦夺去兵权。由齐王改封楚王，都下邳（今江苏邳州南）。汉高祖六年，被诬谋反，械缚至洛阳（今河南洛阳东），因无实据，贬为淮阴侯。从此怏怏不乐，称病不朝。汉王十一年一月，被人告发与谋反的陈豨相勾结，为吕后、萧何诱杀于长乐宫。

霍去病

霍去病（公元前140～公元前117年），河东郡平阳县（今山西临汾西南）人。中国西汉武帝时期名将，汉族，杰出的军事家。汉代名将卫青的外甥，好骑射。善于长途奔袭。

元朔六年（公元前123年），漠南之战。未满十八岁的霍去病主动请缨，武帝遂封他为骠姚校尉随军出征。在战场上，霍去病凭着一腔血气骁勇及八百骑兵，在茫茫大漠里奔驰数百里寻找敌人踪迹，结果他"长途奔袭"的战术首战告捷，斩敌2028人，杀匈奴单于祖父，俘虏单于的国相及叔叔。而霍去病等人全身而返。汉武帝立即将他封为"冠军侯"，赞叹他的勇冠三军。

元狩二年（公元前121年）的春天，霍去病被任命为骠骑将军，独自率领精兵一万出征匈奴。19岁的统帅霍去病不负众望，在千里大漠中闪电奔袭，打了一场漂亮的大迂回战。六天中他转战匈奴五部落，一路猛进，并在皋兰山与匈奴卢侯王、折兰王打了一场硬碰硬的生死战。在此战中，霍去病惨胜，1万精兵仅余3000人。而匈奴更是损失惨重——卢侯王和折兰王都战死，浑邪王子及相国、都尉被俘虏，斩敌8960，匈奴休屠祭天金人也成了汉军的战利品。在这一场血与火的对战之后，汉王朝中再也没有人质疑少年霍去病的统军能力，他成为汉军中的一代军人楷模、尚武精神的化身。同年秋，奉命迎接率众降汉的匈奴浑邪王，在部分降众变乱的紧急关头，率部驰入匈奴军中，斩杀变乱者，稳定了局势，浑邪王得以率4万余众归汉。从此，汉朝控制了河西地区，打通了西域道路。元狩四年夏，与卫青各率5万骑过大漠（今蒙古高原大沙漠）进击匈奴。霍去病击败左贤王部后，乘胜追击，深入2000余里，歼7万余人。后升任大司马，与卫青同掌兵权。他用兵灵活，注重方略，不拘古法，勇猛果断，每战皆胜，深得武帝信任。留下了"匈奴未灭，何以家为"的千古名句。元狩六年（公元前117）病卒，年仅24岁。

郭子仪

郭子仪（公元697～781年），唐朝杰出将领。华州郑县（今陕西华县）人。初以武举补左卫长史，唐天宝八年（公元749年），任横塞军使，后以天德军使兼九原太守、朔方节度右兵马使。

天宝十四年，在唐平安史之乱中，任朔方节度使，由灵武（今宁夏灵武西南）东征，出单于府（今内蒙古和林格尔西北）攻取静边军（今山西右玉），进围云中（今大同），攻克马邑（今朔州），开东陉关（今代县东北）。

天宝十五年，率兵应援河东节度副使、知节度事李光弼，由井陉（今属河北）进入河北，至常山（今正定）与光弼合兵10万余人，连败安禄山同党史思明于九门（今藁城西北）、沙河（今大沙河流经新乐、行唐附近河段）等地。

至德元年（公元756年），授兵部尚书、同中书门下平章事、朔方节度使。至德二年，郭子仪率兵收复河东（今山西永济西南）、冯翊（今陕西大荔），一度攻破潼关，大败安将崔乾佑；收复京都长安（今西安），以功加司徒，封代国公，受命经营河北。

乾元元年（公元758年），进位中书令，旋任东畿、山东、河东诸道元帅，权知东都留守。后为宦官鱼朝恩谗毁，被解除兵权。

广德元年（公元763年），吐蕃乘唐平安史之乱无暇西顾之机，攻占河、陇广大地区。代宗再以子仪为关内副元帅，出镇咸阳（今咸阳东北）抵御。以疑兵之计，吓退吐蕃，收复长安。

大历八年，子仪曾为削减冗官、选贤任能、轻徭薄赋、安民兴国而上书。大历九年，又为边陲不宁而入朝陈谏，提出：吐蕃、党项、吐谷浑为主要威胁，应从内地各道调精兵屯朔方各重镇，以作防守边疆的长远计划。

大历十四年，唐德宗继位，被尊为尚父，加太尉兼中书令，余官皆免。郭子仪精于谋略，用兵持重，治军宽严得当，深得部下敬服。以身许国，临危不惧，身经百战，功勋卓著。历事玄宗、肃宗、代宗、德宗四朝，勤于职守，一身系国家安危20余年，对巩固唐王朝统治起了重要作用。

岳　飞

岳飞（公元1103～1142年）字鹏举，精忠报国之人，著名军事家、抗金名将，南宋中兴四将（岳飞、韩世忠、张俊、刘光世）之一。汉族。河北西路相州汤阴县永和乡孝悌里（今河南省安阳市汤阴县菜园镇程岗村）人。

据传，母亲在他的背上刺了四个字“精忠报国”，让他铭记国仇家恨。曾经拜周侗为师学习武艺。且喜欢看《左氏春秋》、《孙子兵法》。因其家乡曾遭到金军的残酷蹂躏，所以岳飞在少年时就坚决主张抗金，为他一生的抗金活动奠定了思想基础。

宋高宗赵构即位后，岳飞参军入伍，因作战勇敢，升为秉义郎（从八品的武官）。靖康二年（1127年），岳飞在澶州（河南濮阳附近）和曹州山东曹县西北两次小胜金军。因赵构企图避地东南，岳飞上书赵构，反对南逃。因触怒了赵构及黄、汪等人而被革职。三个月后，岳飞投奔河北路招抚使张所，不久升为统制，随都统制王彦渡河收复新乡，在太行山刺杀金将。旋归宗泽，为留守司统制。宗泽死后，从杜充南矿。

岳　飞

绍兴八年（1138年），秦桧以宰相身分接受了金朝的议和诏书，向金称臣，每年进贡银子二十五万两、绢二十五万匹。岳飞向朝廷再次申述他一贯反对“和议”坚持抗敌的主张，坚决表示愿制定方略，收复河东、河北，直捣燕云，为国复仇。赵构为了取得武臣对和议的支援，授于刘光世、张俊、韩世忠三大将新的封号和官爵，提升岳飞为开府议同三司。岳飞连上四奏，表示不受，并指出，现今的形势只可引以为危而不可引以为安，只足以使人忧虑而不足以使人祝贺，应加紧训练士兵，以备不测，要求朝廷追回成命，以便“保全臣节”。岳飞屡次反对“议和”，引起赵构的不满和秦桧的痛恨。

建炎三年（1129年）冬，金国撕毁绍兴和议，兀术等分四道来攻。岳飞亲率一支轻骑驻守河南郾城，向敌阵突击，大破金军“铁浮图”和“拐子马”，把金兀术打得大败。并一举收复建康，升为通泰镇抚使兼知泰州。接着，他受命领兵救援楚州（今江苏淮安），在承州三次大败金军。岳飞的部队军纪严明，英勇善战，称“岳家军”，深得百姓爱戴。

就在抗金战争取得辉煌胜利的时刻，朝廷连下十二道金牌（红漆金字木牌），急令岳飞“措置班师”。岳飞被迫下令撤军。岳飞在撤军前，故意放出风声，说明天渡河，几术害怕城内百姓作岳家军内应，连夜弃城，北逃一百余里。岳家军班师后，金兵乘机夺占了郑州、顾昌、陈州、蔡州等地。

岳飞一回到临安，立即陷入秦桧、张俊等人布置的罗网。1141年（绍兴十一年），他遭诬告“谋反”，被关进了临安大理寺（原址在今杭州小车桥附近）。这年八月，岳飞的枢密副使之职被免，改任万寿观使的闲职。之后，秦桧唆使岳飞手下的副统制王俊出面诬告，说岳飞部将张宪准备谋反。十月，朝廷张榜，说张宪一案“其谋牵连岳飞，遂逮捕归案，设召狱审问”，并将岳飞及儿子岳云逮捕入狱。绍兴十一年农历除夕夜，高宗下令赐岳飞死于临安大理寺内。岳飞部将张宪、儿子岳云亦被腰斩于市门。一生光明磊落的岳飞在供状上写下八个字：“天日昭昭，天日昭昭！”即服毒酒身亡，时年仅三十九岁。

戚继光

戚继光，明朝名将，民族英雄，军事家。字元敬，号南塘，晚号孟诸。祖籍河南卫辉，后迁定远（今属安徽），再迁山东登州（今蓬莱）。嘉靖七年（1528年）生于鲁桥（今山东济宁东南）。出身将门，自幼喜读兵书，勤奋习武，立志效国。

嘉靖二十八年十月，中武举。嘉靖三十二年，实授都指挥佥事，领山东登州、文登、即墨三营24卫所兵马，操练水军，整顿军备，抗击入侵山东沿海的倭寇。嘉靖三十四年七月，调任浙江都指挥使司佥书，司理屯田。次年，以足智干练升都司参将，镇守宁波、绍兴、台州三府。在龙山（今属宁波）、缙云、桐岭与倭寇三战三捷。乘胜追击逃倭遇伏，沉著应战，果断指挥，迫倭寇遁逃入海。嘉靖三十九年，针对明军兵器装备种类繁多、沿海地形多沮泽、倭寇小股分散的特点，创立攻防兼宜的“鸳鸯阵”，以12人为1队，长短兵器迭用，刺卫兼顾，因敌因地变换阵形，屡败倭寇。嘉靖四十年，倭寇万馀、船数百艘蜂拥浙东象山、宁海、桃渚诸地，戚继光确立“大创尽歼”的灭倭战策，集中水陆军先至宁海，而后依次剿除，九战皆捷，擒斩倭寇1400余，焚死、溺死倭寇4000余，史称“台州大捷”，浙江倭患基本解除。升都指挥使。又募义乌兵3000，参加镇压进入江西的闽粤起义流民。嘉靖四十一年，福建倭患日趋严重，戚继光奉命率精兵6000入闽抗倭。至宁德，乘退潮率将士攜稻草盖淤泥，涉海进攻横屿岛（今宁德东）倭巢，斩倭2600余。转兵福清，深夜攻占牛田（今福清东南），被倭寇称为“戚虎”。嘉靖四十四年，奉命兼管广东潮州（今潮安）、惠州及驻江西的伸威营军务，担负保卫自浙江温州至广东惠州数千里的海防重任。与谭纶、俞大猷等抗倭名将浴血奋战十余年，基本荡平东南沿海倭患。

隆庆元年（1567年）十二月，戚继光奉调京师训练士马。次年，以都督同知任神机营副将。建策用三年时间训练10万车步骑精锐边军，用战车拒敌、步兵应敌、骑兵逐敌之法，加强北边防卫。隆庆六年，建辎重营三座，又创车战营六座，造战车1109辆，分置密云、建昌（今迁安东北）、遵化等地。同年冬，集车步骑军约10万人于长城边进行实兵对抗演习七天，又校阅多日，为古代练兵史上之壮举。

万历十五年十二月初八（1588年1月5日）病卒，终年61岁。

袁崇焕

袁崇焕，字元素，广东省东莞人，生于1584年，死于1630年，终年47岁，是明朝末年有才能的军事家。

袁崇焕生于明朝末期，明王朝反动、腐败的统治摇摇欲坠，各地农民纷纷起义；北方满州部族兴起，占据了山海关外大部地区。袁崇焕是明神宗万历四十七年（1619 年）的进士，曾授邵武县的知县。他为人素有胆略，喜谈兵事，经常了解和谈论边防上的情势，认识他的人都认为他具有卓越的军事才能。明熹宗天启二年（1622 年）正月，熹宗朱由校破格任用他搞军事，朱由校擢升他为兵部职方主事，负责边防上的军事调动事宜。他刚一上任，就单人匹马到山海关一带考察边防情况，连家里人都不知道他到那里去了。回京后奏言边防形势，了如指掌，朝廷中的诸大臣都很赞佩他的才能。朱由校于是晋升他为兵部佥事，监军关外；并拨发给他帑金 20 万，许他招募兵马。他在监军的职务上，十分勤勉，亲自指导整饬边备，建筑城池，先后修复边镇数十处，开疆 200 余里。

袁崇焕

不久，镇守辽东的主将孙承宗罢官，由高第接替。高第目光短浅，昏庸无能，上任后就提出关外的地方守不住了，下令驻守边城的将士们向关内撤退。当时许多有识之士反对这种战略上的逃跑主张，袁崇焕更是极力相争。他说："按照用兵规律，应有进无退，锦州等三城刚刚收复，岂能轻易让给敌人。这些城市地处前方，如果我们放弃了，后方的城市也要为之震惊，关门也失去保障。"但高第不听，仍坚持要从宁远（今辽宁兴城）撤退。袁崇焕气愤地说："我是镇守宁远的主将，我要与此城共存亡。"高第只好先把别的守城军队撤回关内。撤退时，军粮被扔弃十余万石，各种物资损失无算，军队士气低落，一路上病累伤亡甚多。后金（清）首领努尔哈赤（即清太祖）了解到这种情况，于公元 1626 年（天启六年）趁机而入，亲率大军西渡辽河，直达宁远城。袁崇焕立即召集守军将领商议，决计死守，他当场刺血为书，表示血战到底的决心。全军将士人人请战，个个决心效死。努尔哈赤的军队到来后，连日攻城不下，受到守城的矢石炮火的攻击，损失很重，努尔哈赤本人也身负重伤，只好解围退走。明廷原以为宁远必失，待清兵退后，举朝上下皆称赞袁崇焕勇敢有为，下玺书奖励，擢升为右佥都御史，后又升为辽东巡抚，加兵部右侍郎。

1628年，明熹宗朱由校死了，传位于明朝的末代皇帝崇祯朱由检。崇祯下诏封袁崇焕为兵部尚书加封太子太保，深受信任。

1629年11月，后金军数十万众，避开山海关，绕道古北袭入长城，进占遵化等地，越蓟州而西，挥师京师。巡抚王元杂、总兵朱国彦战败自尽。袁崇焕闻警，亲自率兵从驻地星夜驰援京师，与后金军多次鏖战，互有杀伤。袁崇焕在战斗中身先士卒，勇敢杀敌，受到朝廷内外上下的一致称赞。后金（清）是大军远征，不利久战，便设下反间计，在被俘的明朝宦官面前，故意透露和袁崇焕订有密约，说他准备里应外合，归顺后金，然后又把这个宦官放走。这个宦官回去报告了崇祯，加上有些和袁崇焕不睦的廷臣也上书奏他“引敌胁和，将为城下之盟”，崇祯对此深信不疑，利用召对之机，把袁崇焕抓捕下狱。这时，魏忠贤的一些遗党王永光、高捷、袁弘勋等人，乘机兴大狱。把袁崇焕原来和后金暂时议和以及杀毛文龙都断为大罪，为逆党报仇。最后于1630年（明崇祯三年）磔于市。一位有才略的、勇敢的、防守边事有功勋的将领，就这无辜地被杀害了。从此，明朝的北部边防力量就更加薄弱了，终于导致了后金（清）大军占领关内，明王朝统治的垮台。

郑成功

郑成功（1624~1662年），原名森，字大木，福建南案（今福建泉州市南安平镇）人。1624年（明天启四年），郑成功出生在日本平户千里滨，7岁从日本回国。

郑成功自幼聪慧机敏，喜读史书与兵书，又擅长骑射。1644年（崇祯十七年），22岁的郑成功进入南京国子监，成为太学生，备受名家器重。这年8月，郑成功随父朝见唐王，唐王见他少年英俊，十分器重，当即封他为忠孝伯，赐姓朱，改名成功，所以又号为“国姓爷”。

血气方刚的郑成功，耳闻目睹清军南侵的种种暴行，心头燃起复仇的火焰，积极投入了抗清斗争。

清政府想尽各种办法，清剿和孤立郑成功，为了扭转战局，走出困境，郑成功决定改变战略，挥师东渡，驱逐荷兰殖民者，收复台湾。

台湾自古以来就是中国的神圣领土。明朝末年，荷兰殖民者趁明政府腐败无能之机，霸占了台湾的海岸，修建城堡，向台湾人民勒索苛捐杂税。台湾人民不断反抗，遭到荷兰侵略者的镇压。因此，郑成功出兵收复台湾，驱逐荷兰殖民者，完全符合台湾各族人民的迫切愿望。

1646 年 4 月 29 日黎明，郑成功的船队到达了台湾的鹿耳门港口。郑成功令何廷斌领航，利用海水涨潮的时机，驶进港内，登上台湾岛。这时，数千名台湾群众成群结队，拉着牛车，提水端茶，前来迎接亲人。躲在城堡里的荷兰侵略军头目气急败坏，派了 200 多名士兵冲来。郑成功一声号令，把敌军紧紧围住，一举歼敌 180 名，其余溃散。同时又采纳当地百姓的建议，堵塞该城堡的水源，终于迫使城堡内的敌人在第三天献城投降。

接着郑成功挥师围攻台湾城，在郑成功强大的攻势和岛上人民的支持下，被荷兰殖民者霸占了 38 年之久的中国领土台湾，终于重新回到了祖国的怀抱。

郑成功首先在台湾设置行政机构。他改赤嵌为东都明京，设一府二县，府为承天府，县为天兴县、万年县。其后又改台湾为安平镇。从此，台湾和祖国大陆一样，有了地方行政管理机构，与此同时，郑成功又大力发展农业生产。他组织士兵进行屯田，奖励各族人民垦荒，对大陆迁往台湾的居民，也一视同仁，将农业生产技术传授给高山族人民，使台湾农业经济得以迅速发展起来。

郑成功利用台湾四面环海、对外贸易方便的有利条件，大力发展海外贸易。这里出产的蔗糖、白鹿皮，远销日本、东南亚各国，换回所需要的的刀剑、盔甲和生活日用品。海外贸易的发展，活跃了商品经济，也增加了郑成功的财政收入。

郑成功十分重视政权建设，注意取信于民，保护台湾民众的利益。他严于治军，立法甚严。他说："立国之初，法贵于严，禾留弊端，后人守业自然容易。"

郑成功还大力兴办学校，提高台湾人民的文化水平。1662 年（康熙元年）5 月 8 日，郑成功含恨死去，终年 39 岁。

外国名将

亚历山大大帝

亚历山大大帝（公元前 356 ~ 前 323 年）是古代马其顿国王，著名的政治家、军事家。

亚历山大是马其顿国王腓力二世的儿子。年轻时受过良好的希腊文化教育，曾师从古希腊著名学者亚里斯多德。他勤奋好学，手不释卷，从小就养成了倔强的个性，野心勃勃，好大喜功，并逐渐显示出过人的才智和征服世界的野心。

从 16 岁开始，他就在其父身边，参与国事。公元前 336 年，腓力二世被刺身亡，亚历山大继位，时年仅 20 岁。当时，朝野混乱，北方各部落暴动，希腊、马其顿起义此起彼伏。希腊反马其顿派领袖德摩斯提尼得知腓力二世猝死的消息，欣喜异常。然而，希腊的反马其顿同盟还未组织起来，亚历山大就兵临希腊。他效法父王腓力二世，在科林斯召开全希腊大会，合法地成为马其顿、希腊联军的最高统帅。对敢于反抗他的忒拜人，除神庙和诗人品达家外，全部出卖为奴。然后他又镇压了马其顿北部伊里利亚等部落的暴动。统治巩固后，即开始了大规模的对北非、亚洲的侵略远征，史称“亚历山大东征”。

亚历山大巧妙地利用希腊的军事力量，组成一支包括步兵 3 万、骑兵 5 千、战舰 160 艘的马其顿希腊远征军。公元前 334 年春，渡过赫勒斯滂海峡，在小亚登陆。以波斯人曾蹂躏过希腊的圣地、参预刺杀腓力二世为借口，向波斯帝国开战。传说，出征前，亚历山大把他所有的地产收入、奴隶和畜群都赠予了将士，有人问他，留给自己什么？他豪迈地回答，“希望!”这充满自信，坚定乐观。相反，波斯皇帝大流士三世却是一个优柔寡断、庸碌无能的统帅。公元前 333 年秋，亚历山大在叙利亚的伊苏斯附近与波斯军发生了第一次激战。亚历山大重装方阵和重装骑兵猛烈攻击波斯军的中锋。大流士三世见状，落荒而逃，连自己的弓、盾、王袍都扔掉了。主帅临阵逃脱，中军动摇，波斯国大军随即崩溃。大流士三世的母亲、妻子和两个女儿都成了亚历山大的俘虏。

亚历山大大帝

随后，亚历山大在进攻小亚细亚时，几乎所向披靡，不少城市主动投降亚历山大。公元前 332 年春，亚历山大继续向南推进，许多腓尼基城市不战而降，只有推罗进行了顽强的抵抗。亚历山大围攻推罗长达 7 个月，最后动用了撞槌、攻城塔、穿需螺旋椎等当时所有的攻城武器，亚历山大在作战时身先士卒，非常英勇，终于攻下了这座不屈服的城市。生性残暴的亚历山大下令将城市烧毁，幸存者卖为奴隶。

在推罗被围期间，波斯皇帝大流士曾以割地（幼发拉底河以西全部波斯领地）、赔款（10000 塔兰特）、联姻（将自己的一个女儿嫁给亚历山大）为条件提议媾和。均被亚历山大拒绝。他在给大流士的复信中傲慢地称自己为“全亚洲的统治者”，自信能够取得波斯帝国全部领土。

不久，亚历山大进攻埃及，由于得到埃及祭司的支持，未动干戈便得到埃及，并被宣布为太阳神阿蒙的儿子，埃及法老的合法继承人。他在尼罗河三角洲建立了一座用自己的名字命名城市，即埃及著名的亚历山大里亚。

公元前 331 年春，亚历山大从埃及回师东进，穿过叙利亚向美索不达米亚进军，在尼尼微附近的高加美拉与号称百万的波斯军队发生一场决定性的战斗。双方对阵后，大流士首先发动攻势，试图用装备精良的战车冲垮亚历山大所布的“方阵”。亚历山大已对“马其顿方阵”进行了改革和创新，即在主阵两翼进攻，步兵和骑兵配合，杀伤力极强。因此，当大流士三世的战车滚滚而来时，方阵立即散开，退到两翼，为战车让开一条通道，然后用配备了石弩、投石器的步兵“炮击”战车，粉碎了战车的进攻。随后亚历山大亲率右翼精锐骑兵，猛攻波斯军左翼，全军士气高昂，锐不可挡，波斯国随即大乱。大流士三世重演了在伊苏斯的悲剧，弃阵逃往米底，波斯大军的有生力量被消灭了。

亚历山大继续向东推进，深入波斯腹地。他进行了疯狂的掳掠，洗劫了巴比伦、苏萨和波斯波利斯王宫，夺得无数金银财宝。此后又占领米底首府埃克巴坦那（波斯帝国另一行宫），追踪大流士三世至中亚。大流士三世被杀后，阿黑门尼德王朝遂告终结。亚历山大以阿黑门尼德王朝的“合法继承人”自居。

亚历山大进军中亚，虽遭中亚各国人民的抵抗，但仍占领了一些地方。

亚历山大无休止的野心激励着他制定一个更大的扩张计划，迦太基、意大利、西班牙都是他梦想的猎物。不幸的是，公元前 323 年，亚历山大患恶性疟疾猝然而亡，死时 33 岁。

汉尼拔

汉尼拔出生于公元前 247 年，其父是迦太基将军哈米尔卡·巴卡。公元前 221 年，哈米尔卡·巴卡阵亡。汉尼拔担任了迦太基驻西班牙军队的最高统帅。

公元前 219 年，迦太基军队占了与罗马结盟的萨贡托城（西班牙东部沿海）。结果战争又起，公元前 218 年春，汉尼拔率领一支拥有 5 万步兵、1.2 万骑兵的大军，从西班牙的新迦太基出发，由陆路远征意大利，开始了第二次布匿战争（也称“汉尼拔战争”）。

汉尼拔以巨大的代价用了 1 个多月的时间翻过了阿尔卑斯山，进至北意大利的波河流域。汉尼拔突然出现在北意大利，犹如神兵从天而降，大出罗马人的意料之外。汉尼拔在重创罗马军主帅、政府执政西兹所部之后，又在特雷比亚河沿岸与罗马另一执政官森普罗尼亚所部交战。这一交战，双方投入的兵力各在 4 万人左右。汉尼拔采取退避三舍、后发制人的战术。此战，迦太基军仅损失 400 人大败罗马军。

汉尼拔在敲开意大利北大门之后，开始向南推进。但是从北意大利进入半岛腹地的道路十分艰险。汉尼拔为选择进军路线，亲自侦察。汉尼拔选择了千军万马要通过这条罗马人看来是根本不可能的沼泽地区。汉尼拔指挥全军在齐腰深的沼泽地中行走了4天3夜，人员、马匹不断倒下，死亡甚众，汉尼拔的左眼都几乎被沼泽中冒出的毒气熏瞎。可是汉尼拔成功了！迦太基军终于走出沼泽，推开了意大利中部的大门，突然出现在罗马城的北面。

公元前217年6月21日拂晓，雾障山谷。罗马执政弗拉米亚指挥4个军团近3万人马急追而来。由于浓雾遮盖着湖面和周围地面，罗马军的侦察兵没有发现迦太基军，待罗马军全部进入谷地后，迦太基军从天而降，同时从三面发起了突然猛烈的冲击。罗马军的3个军团倾刻瓦解。汉尼拔仅用不到3个小时的时间，便取得了完全的胜利。汉尼拔威名大震。

公元前216年，双方在坎尼会战，汉尼拔以其杰出的指挥才能大战罗马军。击毙5.4万人，俘获1.8万人，而他的部队仅付出了6000人的微小的代价。

汉尼拔不仅善于陆战，而且善于海战。公元前184年，在地中海东部的一次海战中，他巧用毒蛇打败对手。

这次海战是在比提尼亚和帕加马两国之间进行的。当时正在东方避难的汉尼拔在比提尼亚国王普鲁西阿斯一边，反对罗马的盟友帕加马国王优美尼斯。普鲁西阿斯深信汉尼拔的忠诚和才智，让他率领比提尼亚一支舰队对抗优美尼斯的舰队。

交战开始后，比提尼亚舰队集中兵力齐攻优美尼斯国王的旗舰，向帕加马舰队投掷陶罐。帕加马水兵毫不介意这些陶罐的威胁。可当他们发现船中爬满毒蛇时，这才惊慌失措，无心恋战，便纷纷掉转船头，尾随自己的主帅逃回要塞。汉尼拔乘胜追击，赢得了这场海战的胜利。

拿破仑

拿破仑·波拿巴（1769～1821年）1769年8月15日出生在法国科西嘉岛。幼时家道中落。1779年春，进入布里埃纳军校学习。1784年秋，进人巴黎军校学习。1785年父亲病故，他为了负担家庭生活，停学服役。

1789年7月14日，巴黎人民攻克巴士底狱，法国大革命开始。1791年拿破仑晋升中尉。1793年9月，拿破仑参加共和军围攻土伦之役，任炮兵指挥，晋升少校。12月16日夜，共和军猛攻受阻，拿破仑奉命率领后备队上阵。拿破仑在这一战役中作战勇敢，指挥出色，不久被破格提升为准将。1795年10月5日，巴黎王党阴谋暴动，国民公会任命巴拉斯指挥镇压，拿破仑任助手。他率领5000军队，用大炮击溃两万多名叛乱分子，被任命为法国"内防军"副司令。这时，他结识年青寡妇约瑟芬·德·博阿尔内，并与之结婚。婚后第3天，他被任命为意大利方面军司令，离开巴黎，前往尼斯。

拿破仑

政府决定打击当时统治意大利北部的奥地利，扩大势力范围。拿破仑率领3万余法军，出其不意地通过海边天险，进入意大利。1796年5月，拿破仑在洛迪率领掷弹兵夺下100多米长的阿达河桥。11月，他带头冲锋，攻克阿尔科尔。次年1月，他在利沃里，大败奥将阿尔文齐。法军远征意大利得胜。英法矛盾激化后，法国无力直接攻英。于是在1798年初，拿破仑建议"举行一次威胁英国和东印度之间贸易的东征"。拿破仑被任命为东征军司令。1798年5月，他统率3万法军和300余艘舰只离开土伦，7月初在埃及登陆。法军夺取亚历山大港，在金字塔旁击败敌人。次年，进军叙利亚，洗劫雅法。但进攻阿克尔要塞受阻，撤回埃及。此时政府腐败无能，急需拿破仑这样的强硬人物领导新政权。于是拿破仑于8月22日率领少数部属离开埃及赶回法国，在大资产者的支持下，积极策划政变。1799年10月9日黎明，拿破仑及其少数部属在法国南部登陆。11月9日至10日政变举行。

政变后，西哀耶斯、罗热·迪科与拿破仑同为临时执政。12月，新宪法规定，拿破仑为第一执政。1802年8月，元老院同意他为终身执政。

1804年12月2日，拿破仑加冕称帝，即拿破仑一世，权势达到高峰。在执政府和帝国时期，拿破仑执行强硬的内外政策，维护大资产者的利益。他进行财政改革，实行经济紧缩政策，保护关税，改进税收，成立工商业部和法兰西银行，津贴新企业，奖励发明，举办博览会，修公路，开运河和建港口，使法国经济明显好转。同时将法国划为88个郡，加强中央对于地方的控制。改组法院，成立司法部和警务部，同时另设直属拿破仑的巴黎警察总监。对报刊实行严格控制，先后查封巴黎73家报纸中的66家。1804年公布《民法典》，共2281条。1801年拿破仑和教皇订立“政教协议”，规定天主教仅为法国绝大多数人信仰的宗教而不是国教，教会服从国家，教士效忠政府，大主教和主教由拿破仑提名和教皇授予圣职。1809年，他甚至下令将教皇押到法国，一直监禁至帝国结束。

这时期，1791年颁布的禁止工人集会结社的沙白利哀法继续生效。同时，实施“工人手册”制度。恢复葡萄酒税，使农民负担沉重。流放了主张共和制的资产阶级民主派。

对外战争方面，从拿破仑掌权至帝国覆亡，法国经历了与第二至第六次反法联盟的战争。1800年6月14日，马伦哥战役爆发。5月，拿破仑率领法军越过阿尔卑斯山天险，进入意大利，切断奥军退路。在马伦哥法军以寡敌众，先败后胜，击败奥军。年底，法军在霍恩林登打败奥军，奥皇被迫讲和订约。1805年发生的奥斯特里茨之役，是著名的大战。法军于10月夺取奥军乌尔姆要塞，11月占领维也纳，抢渡多瑙河，在奥斯特里茨与俄奥联军相遇，7千法军与8万联军抗衡。12月2日，法军后撤，诱敌进攻。拿破仑随即猛攻敌阵中心，夺下普拉岑高地，将俄军逼到特尔尼茨冰湖上，联军损失3万多人。第三次反法联盟不久解体。1806年，俄普等国组成第四次反法联盟，又先后为法军击败。1807年，拿破仑和亚历山大一世在提尔西特缔结和约，俄国承认法国在欧洲的占领，法国承认俄国对瑞典和土耳其的扩张权利。法俄结盟共同反对英国。这样，法国在连年战争中击败几乎所有欧洲大国。他长期实行“大陆封锁”，企图孤立英国。

葡萄牙当时为英国盟友，拿破仑早已准备消灭它，并吞并其广阔的殖民地，1807年9月，他命令葡萄牙禁止英货入口，否则即行宣战。10月，法军在西军配合下侵入葡萄牙。葡萄牙王室由英国舰队护送逃亡巴西。法军强占葡萄牙。拿破仑又以共同征葡和防止英军入侵为借口，使数万法军进入西班牙。1808 年 3 月，法军侵入马德里。拿破仑使用诡计夺得西班牙王位，派其兄约瑟夫到马德里为王。1821 年 6 月 24 日，法军侵入俄罗斯帝国。9 月占领莫斯科。俄军还击，拿破仑被迫冒严寒将军队撤出俄国，几乎全军覆没。

1813 年秋在与第六次反法联盟较量的战场上，法军虽有德累斯顿大捷，但却遭受了莱比锡失败。1814 年 3 月 31 日，反法联军占领巴黎，法兰西第一帝国崩溃，拿破仑被流放厄尔巴岛。波旁王朝复辟，路易十八成为法国国王。1815 年 3 月 1 日，拿破仑离开流放地，在法国南部儒安港登陆，率领队伍向巴黎前进，不费一枪一弹到达首都。拿破仑曾一度帝位，重掌朝政。在此期间，他宣布波旁王朝统治告终，解散元老院和咨议院，废除封建头衔，没收波旁王侯领地，组织新内阁和整顿军队。但英俄普奥等国组成的第七次反法联盟集结军队，重开战局。1815 年 6 月 18 日，法军在滑铁卢战败。拿破仑再次退位，结束了“百日”政权。波旁王朝在反法联盟扶持下再度复避。拿破仑被流放到大西洋中的圣赫勒拿岛。1821 年 5 月 5 日去世，享年 51 岁。

库图佐夫

米哈伊尔·伊拉里奥诺奇·库图佐夫（1745～1813 年），出生于 1745 年 9 月 16 日。父亲是彼得一世时期的中将兼军事工程师，可谓军事世家。库图佐夫 1757 年 13 岁进入炮兵工程学校，学习工程学和炮兵学，同时酷爱历史和文学，通晓法文、德文等 7 种语言。1759 年毕业，任炮兵军士，留校任教。1761 年到阿斯特拉罕步兵团任连长。1762 年任总督副官。1764 年至 1769 年参加反对波兰贵族武装同盟的战争。1770 年参加第一次俄土战争，1774 年在一次战斗中被打瞎了左眼，治疗 3 年。1776 年，库图佐夫担负保卫克里米亚沿岸的任务。1784 年晋升少将，次年，任猎骑军军长。在 1787 年至 1791 年的第二次俄土战争期间，参加了奥恰科夫战役。1791 年任陆军贵族士官学校校长。1798 年晋升为步兵上将，先后在立陶宛、彼得堡当了4年总督。1802年8月，当了一年彼得堡总督后，库图佐夫只身一人回到了他的故乡沃伦省戈罗什基庄园，在穷乡僻壤过着孤独、拮据的生活。1805年，第三次反法联盟组成，而俄军将领中无人能胜任统帅的职务，于是沙皇重新启用库图佐夫。他临危受命，担起俄奥联军总司令的职责，深入欧洲腹地迎战法军。

俄奥联军一开战在奥斯特利茨战役受挫，沙皇把责任推给了库图佐夫，结果，他再次被调离军队。1811年，俄国的形势再度严重起来，法国进攻已经迫在眉睫，而同土耳其的战争又长期没有满意的结果，俄军迫切需要一名杰出的统帅改变俄土战局以全力对付法国。同年3月，被遗忘多年的库图佐夫，再次返回军队，任俄土战争中俄军总司令。

库图佐夫返回军队后，以他高超的指挥艺术，赢得了战争的胜利，俘获了土耳其宰相，迫使土耳其在拿破仑入侵前同俄国签定了和约。尽管如此，沙皇亚历山大仍然于1812年5月再次剥夺了库图佐夫对军队的指挥权，库图佐夫又一次凄然回乡。

就在库图佐夫离开军队后一个月，拿破仑57万法国大军越过俄国边界。沙皇屈于民众呼声的压力，第3次召回库图佐夫，任命他为俄军总司令。此时，库图佐夫不计较个人荣辱得失，勇敢地担起了拯救国家的重任。最后，打败了拿破仑大军，拯救了俄国，赢得了俄国人民的衷心爱戴。

库图佐夫和苏沃洛夫一样，坚决摒弃战术中那些丝毫不能发挥下级积极性的、过时的和死板的战术方法，非常重视在战争中坚决、灵活、主动、机动等战术原则。

库图佐夫驾驭战局的本领在1812年反对拿破仑军队入侵的战争中得到最充分的展示。在这次战争中，作为俄国军队总司令的库图佐夫正确地断定，在当时的不利情况下，最重要的是保存军队。他清楚拿破仑的战略企图是要在一二次总会战中消灭全部俄军。所以库图佐夫则采取零星交战、灵活机动、积极防御的战术，避免与拿破仑速战。在博罗季茨村会战之后，库图佐夫不顾少皇气势汹汹的责问，不忌军内将官对他“害怕拿破仑”、“叛卖者”、“疯老头”、“免战将军”的责难，毅然作出俄军撤出莫斯科的命令。

放弃莫斯科后，库图佐夫实施隐蔽右翼的方针，使军队避开敌人突击，集中在塔鲁季诺村一带，切断了拿破仑向俄国南部地区前进的通路，为组织和准备反攻创造了有利条件。他在短期内顺利地解决了如何在数量上形成对拿破仑军队的优势的大难题，在所有的敌战区广泛地展开了游击活动。拿破仑军队不断被俄军和游击队的小规模战斗所削弱，加上得不到粮食和冬装，士气大为低落。拿破仑为了尽早摆脱困境不得不派使臣去库图佐夫司令部建议结束战争，但遇到了库图佐夫的坚决拒绝。走投无路的拿破仑于10月7日下令开始从莫斯科撤退。拿破仑的军队退出莫斯科后，准备取道卡卢加突围到南方粮仓乌克兰，但库图佐夫早已做好了阻截的部署。拿破仑被迫走了已被完全破坏的斯摩棱斯克之路。库图佐夫则在拿破仑侧翼平行追击，继续消耗他的力量。1812年12月当法国败军回渡涅曼河时，“大军”只剩下2万多人。最后拿破仑坐上雪橇，悄悄逃回巴黎。在沙皇亚历山大一世当政的年代，许多俄军将领靠战争发了横财，而库图佐夫却一生清廉，他虽然多次担任总司令，大权在握，却不曾索取个人好处。他一方面是总司令，立下了丰功伟绩；另一方面，他又是一个清贫的负债人。库图佐夫留下了一笔沉重的债务，他的妻子只能求助于沙皇。

库图佐夫严于律己，清正廉洁，对下级官兵却关怀备至，爱兵如子。他从苏沃洛夫那里懂得了军队的力量在于士兵，一个把民族利益和祖国命运看得高于一切的人，同样也会以真正的仁慈之心对待士兵，真正和士兵同呼吸共命运。他不准打骂战士。还和士兵一起休息，说俏皮话，开玩笑，无所不谈。他对士兵有深厚的感情。

继1812年12月库图佐夫指挥俄国大败拿破仑之后，俄军于1813年1月越过边界进入西欧，从拿破仑的桎梏下解放了欧洲。库图佐夫因病去世。他的遗体送回彼得堡，安葬于喀山大教堂。

朱可夫

朱可夫（1896～1974年），是前苏联元帅，军事家。1915年入伍，参加了第一次世界大战。1918年加入红军骑兵部队，是苏军首批骑兵团长之一，曾在中国担任过军事顾问。1939年在蒙古和中国东北边境的哈拉哈河

（又译哈拉欣河）战役中，率机械部队击败日军。1941 年苏德战争爆发后，任最高统帅部大本营成员和代表、战时最高副统帅，协助斯大林制定战略计划，直接指挥了一系列重要战役。

1941 年下半年，德军的进攻使苏军遭受重大损失，全线后退。朱可夫就像救火队长似的，哪里发生危机就出现在哪里。战争初期，曾被派往最危急的列宁格勒。朱可夫在那里只用了 23 天就稳定了战线。10 月 6 日被斯大林召回指挥莫斯科会战，朱可夫顽强地组织防御，消耗敌军，12 月 5 日，苏军终于全线反攻，取得了会战的胜利。1942 年 7 月，坚守斯大林格勒的苏军正处于最危险的时刻，朱可夫和华西列夫斯基赶到前线，及时稳定了局面。9 月 5 日，他参与制定并指挥实施了“天王星”反攻计划。在主要突击方向上集中大量兵力，尤其是坦克部队，施行穿插迂回、分割包围，最后歼灭被围德军，取得了斯大林格勒战役的胜利。1943 年晋升为苏联元帅。

1943～1945 年，朱可夫以高超技巧取得了白俄罗斯战役、柏林战役等一系列战役的重大胜利。1945 年 5 月，他代表苏军接受德军投降。第二次世界大战后，曾任苏联国防部部长等职。

华西列夫斯基

华西列夫斯基（1895～1977 年），第二次世界大战中，欧洲战事结束后，苏军在远东出兵，消灭了日本关东军，帮助中国光复东北。组织实施这次作战的苏军统帅，就是华西列夫斯基。

华西列夫斯基

华西列夫斯基是苏联元帅，军事家。生于伊万诺沃州新戈利奇哈镇一神甫家庭。1915 年 9 月于阿列克谢军事学校速成班毕业。俄国十月社会主义革命后参加红军。1931 年 5 月调红军军训部工作。1936 年入总参军事学院深造，毕业后调总参谋部任职。1940 年 5 月任总参作战部副部长，参与制订苏军在北方、西方和西北方向战略展开的作战计划。

苏联卫国战争期间，1941 年 8 月任副总参谋长兼作战部部长。1942 年 5 月任总参谋长，10 月兼任苏联副国防人民委员。在担任总参谋长期间，主持制订一系列重大战役计划。斯大林格勒会战期间，直接指导和协调参战部队抗击敌军进攻，并主持制订反攻计划，为彻底击溃进攻之敌做出了贡献。1943 年 2 月晋升为苏联元帅。1944 年 4 月协调苏军解放克里米亚的作战行动，在攻占塞瓦斯托波尔的作战中负伤。和朱可夫一起，为粉碎德军中央集团军群和解放白俄罗斯做出重大贡献，获苏联英雄称号。1945 年 2 月在东普鲁士战役中，被任命为白俄罗斯第三方面军司令，率部歼灭德军东普鲁士集团。德国投降后被任命为远东苏军总司令，成功地组织实施了消灭日本关东军的战略性进攻战役，第二次获苏联英雄称号。

战后任苏军总参谋长和武装力量部副部长，领导军队改组和加强部队军事训练等工作。1948 年 11 月任武装力量部第一副部长，次年 3 月任武装力量部部长。1953 年 3 月任国防部第一副部长。1959 年 1 月任国防部总监组总监。

麦克阿瑟

麦克阿瑟（1880 ~ 1964 年），美国五星上将。出身军人世家。1903 年毕业于西点军校。第一次世界大战时任师参谋长、师长，在法国战场作战英勇，指挥有方，堪称将才，但举止古怪，喜欢标新立异。第一次世界大战后任西点军校校长。通过一系列教育改革，使西点军校成为美国军队培养现代军事人才的一流名校。1930 年任美国陆军参谋长。

麦克阿瑟

1941 年 12 月，太平洋战争爆发。日本军队发动突然袭击，迫使当时任远东美军司令的麦克阿瑟从菲律宾败退到澳大利亚。离开菲律宾时，他发誓：

“我要回来。”太平洋战争期间，麦克阿瑟极力反对美国“先欧洲后亚洲”的战略方针，强调太平洋战场的重要性。具体负责指挥西南太平洋战区的盟军。

1942 年，麦克阿瑟率部队配合尼米兹的海军，运用蛙跳战术在西南太平洋群岛争夺战中赢得一系列的胜利。1944 年 10 月，他终于实现了诺言，重新踏上菲律宾吕宋岛的海滩。1945 年 9 月 2 日，麦克阿瑟代表盟军接受了日本投降，并以盟军最高司令官的名义，执行美国单独占领日本的任务。他在日本建立了新的政治体系。

1950 年朝鲜战争爆发后，任侵朝“联合国军”司令，指挥了仁川登陆。他低估了入朝参战的中国人民志愿军的实力，在与志愿军交战中连吃败仗。为了挽回其失败战局，麦克阿瑟极力主张扩大战争规模，全面进攻中国，甚至准备使用原子弹。他的主张违背了杜鲁门政府的全球战略方针，因此于 1951 年 4 月被撤职。1952 年退役后任雷明顿—兰德公司董事长。

马歇尔

马歇尔（1880 ~ 1959 年），美国陆军五星上将，战略家，生于宾夕法尼亚州尤宁敦镇。1901 年毕业于弗吉尼亚军事学院。1917 年赴法参加第一次世界大战，次年任驻法美第 1 集团军作战处处长、第 8 军参谋长。1919 ~ 1924 年任潘兴将军的副官。1924 ~ 1927 年任驻中国天津第 15 步兵团代理团长。1927 ~ 1932 年任本宁堡步兵学校副校长。1936 年 8 月晋准将，任第 3 步兵师第 5 旅旅长。1938 年夏任陆军参谋部作战计划处处长，不久任陆军副参谋长。1939 年 9 月 1 日出任美国陆军参谋长、上将。

马歇尔

第二次世界大战期间，为美国参谋长联席会议和英美参谋长联合委员会主要成员、美国总统主要军事顾问，是美国军事战略的主要计划者和组织实施者。任内大力扩充军事力量，坚决维护“先欧后亚”战略，力主在法国尽早开辟第二战场。曾随总统罗斯福参加卡萨布兰卡、魁北克、德黑兰、雅尔塔等重要国际会议。

1944 年 12 月晋五星上将。1945 年 11 月辞去陆军参谋长职务。同年 12 月作为总统特使赴华调解国共关系，参与国共谈判。1947 年 1 月出任国务卿，拥护推行“冷战”政策的杜鲁门主义，提出并实施复兴西欧经济的“马歇尔计划”，参与发起并成立北大西洋条约组织。1949 年初去职。1950 年 9 月 ~1951 年 9 月任国防部长，参与制定美国在北韩战争中的军事战略。著有《马歇尔报告书》等。

巴　顿

“士兵们！战争就是杀人！你们必须要杀死敌人，否则他们就会杀死你们……”当美军第二装甲师的士兵们听到新任师长巴顿的这番训话时都感到无比惊讶。

巴　顿

巴顿（1885 ~1945 年）是美军四星上将，加利福尼亚人，毕业于西点军校和陆军参谋学院。第一次世界大战中由骑兵军官转而组织指挥美国第一支装甲旅。1940 年受命指挥新组建的装甲旅，1942 年，任北非远征军西部特遣部队司令，参加北非作战，表现突出。1943 年任第七集团军司令，成功地指挥实施了西西里岛的登陆战役，迫使意大利退出战争。1944 年盟军在法国诺曼底登陆后，巴顿指挥第三集团军实施战略迂回，横穿法国，加快了战争的进程。同年12月，德军发动阿登战役包围了美军第101空降师时，巴顿率军冒雪反攻，粉碎了德军最后一次进攻。1945年率部攻入德国，直抵捷奥边境。1945年12月因车祸而去世。

巴顿作战勇敢且善于制定进攻计划，带领部下依靠坦克迅速推进，是第二次世界大战中最优秀的坦克指挥官。但是他性格外露，难以与人相处。

隆美尔

隆美尔（1891～1944年），1944年10月，纳粹德国在柏林为隆美尔元帅举行了隆重的葬礼。但实际上，隆美尔正是被希特勒逼迫自杀的。

隆美尔是德国陆军元帅。出生于德国巴登—符腾堡州的海登海姆。1910年加入陆军，参加第一次世界大战。在意大利战场上，他以一个连的兵力冒险深入敌后，连续进攻，俘获9100多名敌方官兵。

隆美尔

第一次世界大战后，隆美尔继续留在陆军，并撰写了《步兵进攻》一书，阐明了他先发制敌的战术思想，受到希特勒的重用。1938年任希特勒私人警卫队队长。通过与希特勒的接触变成了希特勒的狂热崇拜者。1940年2月，晋升为第7装甲师师长，5～6月间率部进攻法国，获得“鬼师”称号。1941年，到北非组织非洲军团，救助意大利军队。隆美尔作战狡诈、飘忽不定，人称“沙漠之狐”。1942年成功地指挥德国军队攻占了北非重镇托布鲁克，获得元帅军衔。后来，又攻入埃及，逼近亚历山大港。但是，在阿莱曼战役中惨遭失败。1943年，任驻意大利北部的集团军司令。1944年调往法国北部担任西部防线指挥官。因对战局表示悲观，曾经多次同希特勒发生冲突。同年因被怀疑参与谋杀希特勒的行动而被迫自杀。

古德里安

古德里安（1888～1954年），被后人称为“德国装甲兵之父”，至今，他的遗像还挂在德国陆军装甲兵的军营中，作为后世的楷模。

古德里安

古德里安是德国装甲兵创建者，大将。出身于一个德国军人家庭。1907年从柏林军官学校毕业后，在通信兵、步兵和骑兵部队任职。1913～1914年在柏林军事学院进修。第一次世界大战期间，参加过凡尔登战役和索姆河战役。战后，古德里安开始探索装甲兵理论，将理论发展成具体的战术公式，提出在战争中大规模使用坦克，实现战役突破和包围的崭新战术思想，并且训练部队将此战术付诸实施。1931年起领导组建装甲师。1938年，率部侵占奥地利和苏台德区。11月任陆军快速部队司令。1939年9月参加德波战争，首次实践闪击战理论。1940年5月率部入侵西欧，6月任古德里安装甲集群（后改称第二装甲集群）司令，7月晋升大将。1941年6月参加苏德战争。12月在莫斯科会战中受挫被解职。1943年3月任装甲兵总监。1944年7月任代理陆军总参谋长。1945年3月再次被免职，5月被美军俘获。1948年6月获释。

他积极倡导“闪击战”，主张集中使用坦克，强调快速机动与协同。著有《装甲兵及其与其他兵种的协同》、《注意！坦克》、《西欧可以防御n-57》、《一个士兵的回忆》和遗作《坦克，前进！》等。

纳尔逊

传统上，航海中死亡的海军将士一律实行海葬。但是，固守传统的英国为纳尔逊上将破例举行了隆重的陆地葬礼。因为没有纳尔逊在特拉法尔加海战的胜利，就没有近代英国。

纳尔逊上将

纳尔逊（1758～1805年）是英国海军统帅，生于英国诺福克郡一个牧师家庭。他聪明勇敢，从小就不知道害怕。1771年投身海军。十几年艰苦的海上生活为他的成功打下了坚实的基础。他作战异常勇敢，曾在海战中先后失去右眼和右臂。

纳尔逊屡建战功，不断地得到晋升。1803年任地中海舰队司令。1805年10月21日，率领英国舰队在特拉法尔加海面上截住了法国—西班牙联合舰队，开始了特拉法尔加海战。海战中，大胆地指挥英国舰队以双路纵队冒着法军炮火，呈直角楔人敌人舰队，将其截成几段，致使法西联合舰队大乱。经几个小时激战，英军以少胜多，击沉、俘获对方19艘战列舰（英方舰队无一损失），迫使拿破仑放弃渡海进攻英国的企图。但是纳尔逊却在海战中阵亡。

为纪念纳尔逊的功绩，伦敦市中心建立了特拉法尔加广场。广场中心竖立着一座纪念碑，纳尔逊的立像位于纪念碑的顶端。

蒙哥马利

蒙哥马利（1887～1976年），第二次世界大战期间，英国军队中最著名的统帅就是蒙哥马利元帅。

蒙哥马利是英国陆军元帅，军事家。生于伦敦—北爱尔兰人家庭。1908年毕业于英国桑德赫斯特皇家军事学院。在第一次世界大战中两次负伤。第二次世界大战爆发后得以施展才华。1942年8月任英国驻北非的第8集团军司令，谨慎精确地制订了进攻计划，并协调好各军兵种之间的关系。

1942 年 10 月 23 日发动了阿莱曼战役，击溃“沙漠之狐”隆美尔的德意非洲军团，扭转了北非战局，成为英国军民心目中的英雄。

蒙哥马利

1943 年率领英国军队在西西里登陆。1944 年年初，调任盟军第 21 集团军群司令，参与制订诺曼底登陆战役的“霸王”计划。6 月 6 日诺曼底登陆战役全面开始，担任前线总指挥，冷静地处理各种紧急情况，使战役胜利地结束。尔后，乘胜追击，解放法国北部和比利时大部。组织指挥了第二次世界大战中规模最大的空降作战——“市场花园”作战。德国投降后，任英国总参谋长、北约欧洲盟军副总司令。

1958 年结束了 50 年的军旅生涯而退休。是英国历史上服役最久的将领。1960 年和 1961 年，两次访问中国，并拜会过毛泽东主席。

蒙哥马利在建军和战备训练上有独到见解，作战主张集中兵力积极进攻，并要保持足够的预备队；善于指挥有周密计划的大规模的会战。著有《蒙哥马利元帅回忆录》、《战争史》、《走向领导的途径》等。

戴高乐

夏尔·戴高乐（1890～1979 年），法国总统，法国著名的军事、政治活动家，准将。是第二次世界大战期间反法西斯侵略和维护法兰西民族独立的坚强战士。

1890 年 11 月 22 日，夏尔·戴高乐出生于法国拉里。父亲是一个天主教大学的教授。戴高乐 13 岁立志从戎。18 岁时考入圣西尔军事学校，1912 年军事学校毕业，授少尉衔，分配到第二步兵师三十三团服役，团长是贝当上校。戴高乐与团长在军事上的见解一致，因而受到青睐，次年即晋升为中尉。第一次世界大战爆发后，被晋升为上尉，任十连连长。战斗中，戴高乐多次负伤，在凡尔登战役中，被德军俘虏，囚禁了2年零8个月，直到1918年11月11日第一次世界大战结束，才被释放。

释放后，戴高乐继续在军中服役。1921年10月1日调圣西尔军事学校任战争史教员。为了更好地为国效劳，这时已31岁，仍是上尉衔的戴高乐，决定再当一次学生，于1922年1月回到巴黎，考入了法国军事学院。在这里，他刻苦学习，埋头于新军事学的研究，深信第一次世界大战的真正教训是：下一场战争将是坦克战，机械化程度的日益提高，意味着战争将是运动战。

1926年底，戴高乐提升为少校，受命指挥第十九步兵营。驻防德国莱茵河区的特黑尔。戴高乐在莱茵区按规定供职两年期满后，于1929年底调往驻在近东的部队。1931年，戴高乐从近东奉调回国，随后即任国防常设委员会最高军事会议秘书，直至1936年。

1940年5月11日，戴高乐受命指挥第四坦克师，参与了5月16日至20日的装甲部队大会战。索姆河战役失利后，法国失败已成定局。在这种情况下，戴高乐被召至巴黎，在内阁中就任国防部副部长。

1944年6月，戴高乐担任了法兰西共和国临时政府主席。

戴高乐在祖国危急的历史时期，在为争取法兰西的独立和复兴而进行的斗争中，表现了勇敢刚毅和坚韧不拔的精神。

1958年6月1日，戴高乐担任了法国总理。1959年1月8日任法国总统。1965年12月再次当选总统，任期7年。1969年4月辞去总统职务。1970年11月9日病逝。

铁　托

铁托（1892~1980年），南斯拉夫人，国际共产主义和工人运动活动家、南斯拉夫社会主义联邦共和国国务和政治活动家、元帅（1943年），三次获南斯拉夫“人民英雄”称号（1944年、1972年和1977年），社会主义劳动英雄（1950年）、军事科学博士学位（1976年）。1910年，加入克罗埃西亚和斯洛维尼亚社会民主党，投身于工人和工会运动。1913年，应征加入奥匈帝国军队。

第一次世界大战初，因从事反战宣传活动而被捕，后被军方派往前线。1915 年春负伤后为俄军所俘。1917 年 10 月，在鄂木斯克参加赤卫军，同俄罗斯的高尔察克匪帮作战。1920 年加入南斯拉夫共产党。同年 9 月回国从事革命工人运动。

铁 托

1928 年起任南共萨格勒布市委书记。同年，因从事共产主义活动被捕，判处苦役 5 年。1934 年刑满出狱后，继续秘密从事党的工作，任南共克罗埃西亚边区委员会委员。同年 12 月当选为南共中央委员，中央政治局委员。

1935 ~ 1936 年在莫斯科共产国际工作，并作为南共代表团成员出席了共产国际第七次代表大会。1936 年，秘密返回南斯拉夫。1937 年 12 月担任南共领袖。1940 年 10 月在南共第五次全南斯拉夫代表会议上当选为总书记。

1941 ~ 1945 年，南斯拉夫人民解放战争时期，任南斯拉夫人民解放军和游击队最高统帅，指挥了反击德国军队的艰巨战争。1943 年 11 月，当选为南斯拉夫全国解放委员会主席。1945 年 3 月，任南斯拉夫部长会议主席、国防部长兼武装力量最高统帅。同年 8 月当选为人民阵线主席，11 月任南斯拉夫联邦人民共和国政府首脑。

战后的 1953 ~ 1963 年任南斯拉夫联邦人民共和国联邦执行委员会主席。1952 年 11 月，主持南共第六次代表大会，通过了《关于南斯拉夫共产党改名南斯拉夫共产主义者联盟的决定》，当选为南共联盟总书记，1966 年 10 月起为主席，1974 年南共联盟第十次代表大会选举其为党的终身主席。

经典战役

古代战役

城濮之战

发生在周襄王二十年（公元前632年）的晋楚城濮大战，是春秋时期晋、楚两国争霸中原的一次有决定意义的大战，在军事史上又是一次以弱胜强、以劣势胜优势的著名战例。

楚国自泓水之战击败宋国后，声威大振，中原一时无敌，便相继又控制了鲁、郑、陈、蔡、许、曹、卫、宋等中小国家。楚国对未与楚国结盟的齐、晋、秦三大国，也区别对待。对齐国是拥立公子雍，同时又任用齐桓公的7个儿子为楚国的大夫，以收拢齐国人心；对秦国是派重兵屯守商密（今河南淅川县紫荆关）等地，以阻止秦军东出；对晋国乃是以隆重的礼节接待流亡至楚的晋公子重耳，以减少对手，联络感情，为往后埋下伏笔。

在外流亡19年的晋公子重耳后来果然在秦国的帮助下回国即位，当了晋文公。晋文公即位后立即进行了一系列的内政改革和外交活动，使晋国的国力和威望与日俱增。这时，他已是60多岁的人了，却更加雄心勃勃地争当霸主。他的战略是：尊王室，联齐秦，与楚争霸。

晋国要与楚国争霸，机会当然有的是。周襄王十八年（公元前634年），宋成公背楚而投靠晋国。正在这时，齐、鲁交兵，鲁国乞援于楚国，楚国正派兵援鲁伐齐，恨宋国叛变，便也派一部分兵力围攻宋国。宋国当然要向晋国求援，而晋国也不能不救。但是晋军救宋必须经过曹、卫两国，而这两国又是楚国的盟国，自是不肯借道让路给晋军，晋将狐偃建议不如干脆就打曹、卫两国，这样楚军不得不救，也可以解宋国之围。晋文公同意了，便下令准备。

到了周襄王二十年（公元前632年）三月，晋军相继攻占了曹、卫两国，同时又与齐、秦结盟。

楚成王见势不利于楚国，命大将成子玉迅速撤离宋国，并尽可能避免与晋国交兵。成子玉这人骄傲自负，根本不听劝告，反而要楚成王增调兵力给他，坚决同晋军决战。楚成王不明战势，当然也希望成子玉能侥幸打败晋军，便真的加派了兵力。成子玉率兵向曹都陶丘急进。

晋文公立刻下令晋军退避三舍（一舍30里，三舍90里）。晋军将士不明真相，大为不满，认为堂堂的晋军还没对敌就退了三舍，简直是奇耻大辱。狐偃向大家解释道："我们后撤，是国君为了报答在流亡时受过楚王的礼遇。那时国君曾许下诺言，如果日后晋楚两国发生战争，晋军一定退避三舍。我们撤退了，而楚军还追上来，理亏的是楚军，我们就有理由进攻他们。"

这时，许多楚军也感到事有蹊跷，建议停止前进。子玉却认为这正是消灭晋军、夺回曹、卫的最好时机，便命令部队紧紧追赶，一直赶到了卫国境内的城濮（今山东濮县南），双方摆开战场。

4月4日，城濮之战爆发。投入决战的晋军共3万余人，战车700乘，另有秦、齐、宋国的军队5万余人。楚军方面连同随征的陈、蔡等国的军队，约11万人。

成子玉派子西率领左军，派斗勃率领右军，并让陈、蔡联军列阵在楚右军的右翼。

晋国军队仍由中军主将先轸任主帅，中军佐将是郤溱；右翼是上军，主将狐毛，佐将狐偃；左翼是下军，主将栾枝，佐将胥臣。

胥臣的部队面对着陈、蔡联军。胥臣把驾车的马蒙上虎皮，率先向陈、蔡联军冲击。陈、蔡两国军队战斗力本来就差，没见过什么大场面，看到凶神恶煞般的晋军乘着"怪兽"驾车向自己冲来，吓得魂飞魄散，先自乱了阵脚。他们这一乱，联军全军崩溃，蔡公子死于乱军之中，而陈、蔡联军一乱，又牵动了楚右军，斗勃控制不住，楚右军也跟着一起溃败。

另一面，晋军右翼上军主将狐毛，故意竖起两面大旗，冒充主帅。战斗一开始，便向后移动，诱楚军出击。左翼下军主将栾枝密切配合，叫士兵预先砍来许多树枝，在阵后用车拖着他们来回奔驰，扬起满天尘灰，使敌人以为后面的军队也在溃退。成子玉不察实情，果真下令追击。子西率领左军冲在最前面，形成孤军突出之势。晋军主帅先轸看到机会来了，马上率领由晋君亲兵组成的精锐部队拦腰横击。这时，伪装撤退的晋上军也及时回头夹击，子西抵挡不住，大部被歼。成子玉眼见左右两军顷刻瓦解，连忙下令中军停止前进，稳住阵脚，而后有条不紊地撤出战场。晋军虽然获胜，见子玉如此部署，也未敢追杀，所以楚中军并未受损。败而不乱，足见子玉果是大将之才，但却得不到楚成王的宽宥，他只好羞愤地自杀。

此后，周襄王正式册封晋文公为侯伯，即诸侯之长。晋文公的霸业由此建成。

桂陵之战

周显王十五年（公元前354年），魏国派将军庞涓领兵8万，包围了赵国的都城邯郸。邯郸危急，赵国派人到齐国求救。齐威王派一部分兵力进攻魏国襄陵（今山西临汾市西）牵制魏军，让赵、魏相斗，两败俱伤，然后再大举出兵。

自周贞王十六（公元前453年），韩、赵、魏三家分晋后，由于魏国分得今山西省西南部的河东地区，这是晋国原来的基本地区，地理位置好，土肥人多，生产发达，再加上魏文侯雄才大略，内修外交都很好，魏国首先成为战国初年最强盛的国家，称霸中原达50年之久。魏文侯死后，新君武侯和惠王浅见寡识，使魏国的霸业逐渐衰落。但瘦死的骆驼比马大，魏国的势力依然不可低估。

齐国是春秋大国，后因内乱太多而逐渐衰弱，在三家分晋后67年，即周安王十六年（公元前386年），齐国田氏贵族夺取了政权，对内整饬吏治，肃立纪纲，对外则或交或攻，逐步扩张。至齐威王时，齐国已逐渐举足轻重，足以同魏国争霸了。所以赵国向他们求救。

周显王十六年（公元前353年），齐威王见魏、赵斗得差不多了，参战的时机已成熟，便想拜孙膑为将，领兵救赵。但孙膑说："我受过刑罚，身有残疾，怎么能做大将呢？"齐威王一想也是，便让田忌为将，请孙膑做军师，坐在有布帷围遮的车中，策划计谋。孙膑不愿做主将而愿意做军师，固然是因为身有残疾，同时也是有意要让田忌当大将，出战立功，这样孙膑才能报答田忌对他的知遇之恩。

田忌果然对孙膑十分信服，言听计从。

田忌本来准备率领军队直奔赵国，去与魏军决一胜负，但被孙膑阻止了。孙膑说："要解开纠缠杂乱的线团，不能用拳头去硬击，只能耐心地用手去解；要排解争斗，不能自己也卷进去，只能想办法化解矛盾。这次救赵，我有一个好计策，叫做'批亢捣虚'。"

"批亢捣虚？什么意思？"田忌问。

孙膑答道："就是避开对方的强实之处，打击它的虚弱之处。我在魏国呆过，对魏军的素质了如指掌。魏国自采用选拔'武卒'制度后，士兵的体力、耐力、速度都大为提高。齐国士兵与他们正面相抗，恐怕必败无疑。我们必须避实击虚。现在魏军在赵国打仗，国内的兵力肯定不多，而且多半还是老弱残兵。所以我们不去赵国打魏军主力，而去魏国袭击他们空虚的国都。这样，魏军主力必须要回救，赵国之围也解了，而魏军来回奔波，必然疲惫，我们便能待机而动，打击对方，获取胜利。"田忌连称"妙计"，照此行事。

这时，赵国邯郸守将因为久等齐军不至，被迫向魏军投降了。庞涓听说齐军进袭魏国都大梁（今河南开封），唯恐国内有失，急忙回救。

田忌、孙膑得到庞涓回师的消息，立即将已进入魏境的齐军后撤，屯于桂陵（今山东菏泽县东北）。庞涓知道齐军后撤，乘胜赵之威，兵分三路向齐军进攻。魏军以疲劳之师，想以中路军迅速突破齐军中央防线，但却被两侧的齐军夹击，陷入重围。两翼魏军亦被齐军钳制住，不能去援救中路军。庞涓率中路军奋战突围后，除少数亲兵外，其余死伤殆尽，左、右二军也都损失惨重。

长平之战

公元前262年，秦昭王派大将白起攻打韩国，占领了野王城，切断了韩国上党郡和国都的联系。韩国想献出上党郡向秦求和，但是上党郡守冯亭不愿降秦，请赵国发兵取上党郡。

昭王四十七年（公元前260年），秦派左庶长王龁攻韩，夺取上党。上党的百姓纷纷逃往赵国，赵驻兵于长平，以便镇抚上党之民。四月，王龁攻赵。赵派廉颇为将抵抗。赵军士卒犯秦斥兵，秦斥兵斩赵裨将茄。六月，败赵军，取二鄣四尉。七月，赵军筑垒壁而守。秦军又攻赵军垒壁，取二尉，败其阵，夺西垒壁。

双方僵持多日，赵军损失巨大。廉颇根据敌强己弱、初战失利的形势，决定采取坚守营垒以待秦兵进攻的战略。秦军多次挑战，赵国却不出兵。赵王为此屡次责备廉颇。秦相应侯范雎派人携千金向赵国权臣行贿，用离间计，散布流言说："秦国所痛恨、畏惧的，是马服君赵奢之子——赵括；廉颇容易对付，他快要投降了。"赵王既怨怒廉颇连吃败仗，士卒伤亡惨重，又嫌廉颇坚壁固守不肯出战，因而听信流言，便派赵括替代廉颇为将，命他率兵击秦。

赵括上任之后，一反廉颇的部署，不仅临战更改部队的制度，而且大批撤换将领，使赵军战力下降。秦见赵中了计，暗中命白起为将军，王龁为副将。赵括虽自大骄狂，但他畏惧白起为将。所秦王下令"有敢泄武安君将者斩。"

白起面对鲁莽轻敌，高傲自恃的对手，决定采取后退诱敌，分割围歼的战法。他命前沿部队担任诱敌任务，在赵军进攻时，佯败后撤，将主力配置在纵深构筑袋形阵地，另以精兵5千人，楔入敌先头部队与主力之间，伺机割裂赵军。8月，赵括在不明虚实的情况下，冒然采取进攻行动。秦军假意败走，暗中张开两翼设奇兵胁制赵军。赵军乘胜追至秦军壁垒，秦早有准备，壁垒坚固不得入。白起令两翼奇兵迅速出击，将赵军截为三段。赵军首尾分离，粮道被断。秦军又派轻骑兵不断骚扰赵军。赵军的战势危急，只得筑垒壁坚守，以待救兵。秦王听说赵国的粮道被切断，亲临河内督战，征发15岁以上男丁从军，赏赐民爵一级，以阻绝赵国的援军和粮草，倾全国之力与赵作战。

到了9月，赵兵已断粮46天，饥饿不堪，甚至自相杀食。赵括走投无路，重新集结部队，分兵四队轮番突围，终不能出，赵括亲率精兵出战，被秦军射杀。赵括军队大败。40万士兵投降白起。白起使诈，把赵降卒全部坑杀，只留下240个小兵回赵国报信。赵国上下为之震惊。

昭王四十三年，白起攻克韩陉城等五城（陉庭在今曲沃县西北二十里，在绛州东北三十五里），歼敌5万。四十四年，白起攻取南阳（此南阳在太行山南攸武处）太行小路，将韩国一分为二。四十五年，白起伐韩野王（野王在太行东南，春秋时为邢国），野王降。此年范雎为秦客卿，提出了著名的远交近攻的外交策略。四十七年，秦令左庶长王龁攻韩，夺取上党。上党民众不降擒反投于赵，于是秦以此为借口令王龁转而攻赵。赵令廉颇为将抵抗，廉颇率赵军主力抵达长平后，立即向秦军发起攻击。由于秦军势大，赵军连战不利，损失颇大。廉颇鉴于此，及时改变战略方针，决定转攻为守，准备依靠有利地形，构筑城垒固守，以逸待劳，以图挫动秦军锐气，使其陷入疲惫之中。廉颇的策略获得成功，秦军的进攻势头被很大的遏抑，造成两军对峙于长平的僵局，为打破僵局，范雎使人携千金入赵行反间计，言秦军不惧廉颇，只怕马服君赵奢之子赵括（"秦之所恶，独畏马服子赵括将耳，廉颇易与，且降矣。"）正好廉颇因为开始多败伤亡大转为坚守不应战，赵王此时已经比较不满意，而又听到秦国的反间之言，便派赵括代廉颇将对抗秦军。秦国闻知此事后，暗中派武安君白起为上将军，而表面统帅王龁却只为尉裨将，并严令军中有如敢泄武安君为将者斩。

白起到任后，研究了赵括没有实战经验只会纸上谈兵，又骄傲自大，听信谣言鲁莽轻敌，决定采取诱敌深入，困敌聚歼的战略方针，作出了如下部署：1. 将目前的前线部队转作为诱敌部队，等待赵军出击后，向主阵地长壁撤退，诱敌深入；2. 利用长壁地形构筑口袋形阵地，以主力守卫，准备抵挡赵军的进攻，并组织一只精锐突击队，准备赵军被围后，用于不断出击以消耗赵军有生力量和磨损其锐气；3. 将2万5千人埋伏在两侧翼，待赵军出击后，插到赵军后方，切断赵军退路，完成对出击赵军的合围；

4. 用骑兵5千渗透到赵军防御阵地中，牵制和监视留守的赵军。战争的发展果然按着白起预计的方向进行。赵括至军后，更改廉颇不准出战的约束，并置换了军吏，出兵攻击秦师，两军乍一交锋，白起便佯败后退。赵括不问虚实，立即实施追击。赵军前进到秦军的预定阵地——长壁后，遭到了秦军主力的顽强抵抗，攻势大大受挫。赵括见作战不利，打算退兵，但为时已晚，秦军两翼伏兵迅速出击，及时插到赵军进攻部队后面，切断了赵括主力的对外联系，构成了对进攻赵军的包围。另外的5千骑兵也迅速地前进到了赵军的的防御阵地，牵制、监视留守的赵军。白起又下令突击部队不断攻击被围的赵军。赵军连战不利，情况危急，被迫就地构筑营垒，放弃进攻，等待救援，由于粮道断绝，赵军士气日益低落。粮道断绝46日后，赵军开始自相杀食，赵括企图突围而出，分四队突击队冲击，皆全军覆没，赵括亲率精锐突击，被秦军强弩射回，赵括死于乱箭之下，赵军大败，赵军主将已亡，40万将士皆投降。白起曰："前秦已拔上党，上党民不乐为秦而归赵。赵卒反覆。非尽杀之，恐为乱。"于是诈允赵军降却引赵军一步步慢慢全部坑杀，只留240名童子军回赵。前后共杀俘虏45万人。

此为中国历史著名战役——长平之战，长平之战是中国战争史上的一个杰作，白起在这场战争中，依靠自己杰出的军事指挥才能，指挥秦军给赵军以毁灭性打击，开创了我国历史上最早、规模最大的包围歼灭战。奠定了自己被后世尊为一代名将的基础。

垓下之战

刘邦和项羽原先都属陈胜、吴广义旗之下，可以说是一条战壕中的战友。灭秦之后，他们各率部队，相互之间争夺天下。从楚汉元年（公元前206年）至楚汉四年（公元前203年），刘邦和项羽经过大小100余次争战，双方都打得筋疲力尽，谁也消灭不了谁，只好"中分天下，割鸿沟（在今河南境内，是古代运河）以西者为汉，鸿沟而东者为楚"。和约达成以后，项羽将在彭城之战中俘获的刘邦的父亲和妻子归还刘邦，引军东撤。

刘邦却不西去，而是掉头追击项羽。他封韩信为齐王，封彭越为梁王，让他们领军南下，合力歼灭楚军。韩信命曹参留守齐国，自率精兵数万南下，以灌婴骑兵为前队，首先一举攻下彭城（今江苏徐州），俘虏楚上柱国（丞相）项佗，然后挥师向萧（今安徽萧县）、酂（今河南永城县西南）疾进，攻占谯（今安徽亳县）、苦（今河南鹿邑县东），直逼项羽背后，与刘邦夹击楚军。项羽力不能支，于公元前 203 年 11 月向垓下（今安徽省灵璧县沱河北岸）败退。

刘邦和韩信会师后，穷追项羽不舍。而这时周勃、英布、刘贾、彭城越人也各自歼灭大量楚军之后，率部赶来会师，刘邦手下军队达 30 万人。刘邦将军队交给韩信统一指挥，继续追击项羽。

这时项羽已到垓下，手中还有 9 万军队，他要在此地与韩信决一死战，企图再来一次破釜沉舟。韩信将计就计，命令孔将军居左，费将军居右，自己居中，让刘邦居后。然后韩信亲自引中军向前冲击，项羽大举反攻，韩信后退。项羽正追击韩信时，突遭孔将军、费将军左右夹击。韩信这时候也早已掉过头来，项羽在三面夹攻之下无力招架，大败。

韩信命令 30 万大军把楚军层层包围起来。楚军困于重围之中，兵少粮尽，境况凄惨。韩信也不再打，而是让军中会唱楚歌的人在夜间一齐唱起楚歌，使项羽军队“四面是楚歌之声”。项羽听到后大惊失色，以为汉军已将他的地盘全部占领了，不然哪里有这么多人会唱楚歌呢？项羽的将士听到楚歌，也思念家乡，无心再战。项羽知道大势已去，悲从中来，起身与爱姬虞美人在帐中饮酒，并唱道：“力拔山兮气盖世。时不利兮骓不逝。骓不逝兮可奈何，虞兮！虞兮！奈若何！”连唱数遍。虞美人也作歌和之，唱道：“汉兵已略地，四面楚歌声。大王意气尽，贱妾何聊生？”然后拔剑自刎。项羽泪流满面，众将士也都为之哭泣，不敢抬头看他。项羽咬了咬牙，率领身边 800 亲兵轻骑乘夜突围，抛下那 9 万楚军，做了汉军的俘虏。

黎明时分，韩信才发觉项羽已经突围，急令灌婴率领 5 千骑兵追击。项羽过了淮河以后，身边已只有 100 余人了，到东城（今安徽定远县东南）时，只剩下了 28 人。项羽自知难以逃脱，对随从说：“我起兵到今天已经 8 年了，经历了 70 余战，所当者破，所击者服，从没有败过，才霸有天下。没想到现在这样惨，这是天要亡我，没有办法，不是我作战的过失。今天我决心死在这里，临死之前还要奋战一番，让你们知道这是天要亡我，不是我不勇敢!”说罢，回过头来，直扑追兵，连斩两员汉将，又继续南逃，到达乌江（今安徽和县东北）。乌江亭长备了一只小船，在那里等候项羽，请项羽过江，说江边找不到其他的船了，追兵一到就过不了江。亭长见项羽还有些犹豫，就继续劝道：“江东虽小，犹有地方千里，人口数十万，足以称王，请大王快上船过江吧!”没想到他这一说，项羽听到了“江东”二字，脸红心愧，说道：“天要亡我，我还渡什么江呢？当初我率领江东子弟8000人渡江向西，是何等气概？如今却没一个人生还，纵然江东父老可怜我，还让我当王，我哪有脸去见他们？”说罢，把战马送给了乌江亭长，手持短剑与追上来的汉军骑兵拼杀，连杀数人，自己也满身创伤，最后自刎而死，留下了“无颜见江东父老”的故事。

楚汉战争，到此结束。

赤壁之战

宋代大文豪苏东坡的词作名篇《水调歌头·赤壁怀古》是一首千古绝唱，咏叹的是三国奠基前夕孙权麾下名将周瑜火烧赤壁的故事。他是庐江舒（今安徽庐江）人，出身士族，才貌非凡，后来做了他的好朋友孙策的建威中郎将，所以人称为周郎。周瑜，字公瑾，所以又叫周公瑾。

曹操自官渡大战以后，继续东征西讨，逐渐平定了黄河流域，统一了北方。接着扫平南方，便提到了他的议事日程上来了。当时的南方，主要有两大势力，一是占据长江中游荆州地区的刘表，另一个是占据长江下游地区的孙权（孙策被人谋杀，孙权继承了哥哥的事业）。东汉建安十三年（公元208年），曹操趁刘表生病，孙权攻打刘表之际，率15万大军南下。曹操出发不久，刘表于8月病死。刘表的小儿子刘琮胆战心惊，向曹操投降。曹操长驱南下，他知道江陵（今湖北境内）储存有大量的粮草，怕刘备夺取，便轻装前进，先到襄阳，听说刘备已经南下，特选铁骑五千，紧追不放，一日一夜，奔驰300余里，在当阳长坂（今湖北当阳县境）终于追上，一战击溃刘备。刘备只带着张飞、赵云、诸葛亮等逃走，所有部众辎重，全部落入曹操之手。荆州降服，曹操收降刘表战船1000多艘，步、马、水军8万多人。曹操的兵力增加到20多万，势力大增，便写信给孙权说：“近来我奉天子之命，征讨叛逆，军旗南指，刘琮束手投降。最近我又训练了80万水军，希望与您在江东一起打猎。”

孙权接到这封信之后，也不说什么，让部下传阅，结果举座皆惊。受孙策托孤的重臣长史张昭劝孙权不如迎接大军，归顺朝廷（曹操），其他人也随声附和。鲁肃一言不发，等到孙权上厕所时，才跟了出去对孙权说：“我鲁肃可以投降曹操，您却不能。我投降了，说不定还能弄一个小官做。您投降了能得到什么呢？刚才那些人的话是要误您的事，不能与这样的人讨论军国大事。”孙权点了点头，暗自下定了决心。

原来在此以前，鲁肃与刘备的军师诸葛亮已经交换过意见，只有孙、刘联合，才能打败曹操。而诸葛亮也为此事来到孙权这里，舌战群儒，分析了大形势，指出必须联合起来共同抵御曹操，才是唯一的出路。

恰好周瑜自鄱阳（今江西波阳县东）回来，孙权把大家的意见说了，周瑜说：“他们说得都不对。曹操名义上虽是汉相，其实是国贼。以您的雄才加上父兄开创的基业，不正是横行天下、为汉室扫清污秽的时候吗？请让我为您分析一下：曹操并未完全平定北方，马超、韩遂还在关西为其后患；曹操舍弃了北方军队善于骑马作战的特长，反而用水军来与我们较量，这是用短不用长；曹军水土不服，必然会生疾病……这几种情况，都是用兵的人最忌讳的，曹操却冒险而行。因此，擒获曹操就在今日。请拨给我几万精兵，我保证为您破曹。”周瑜的意见，与诸葛亮所说的不谋而合。

于是，孙权拔刀砍去桌案的一角，说：“所有文武官员，若敢再说应该投降曹操的，就和这张桌子一样！”众人都不敢再说了。

当晚，周瑜又去见孙权，进一步分析情况。孙权命周瑜、程普为正、副都督，鲁肃为赞军校尉，领兵3万与刘备合力迎击曹操。刘备派两千兵力附后。

这时，曹军果然有许多人因水土不服而患病，曹操便留主力在江陵，自率荆州水军及一部分陆军顺流东下。东汉建安十三年（公元208年）10月10日中午，曹操与周瑜在赤壁（今湖北蒲圻县西北长江南岸）相遇。双方发生战斗，荆州水军初战即败，曹操便到江北扎下水寨，其陆军也在江北岸驻营，欲待冬天过后，来年春天再战。周瑜部队驻扎南岸，与曹军隔江对峙。

曹操因初战失利，又因军中疾病盛行，为巩固水寨，将船只全部用铁锁连接起来，这样就像一座水上城。

周瑜数次过江挑战，曹操都不出战。江东老将黄盖向周瑜献计：“现在敌众我寡，不能与他们相持过久。曹军把战船首尾连接起来，如用火攻，就可以大破曹军。”周瑜一听言之有理，便用数十艘战船装满干燥的柴草，在里面灌上油，外面用帐幕包起来，船上插满旌旗，使人家看不出是什么。然后，黄盖派人送信给曹操，佯称要投降，并在双方交战时作曹操的内应。曹操并未轻信黄盖的求降，一笑了之。

11 月 13 日夜里，黄盖率领数十艘装满柴草的战船驶向江北。每艘大船后面系上小船，预备点火后将士们能乘小船划回。周瑜则率主力跟进。曹军官兵都出来观看，还以为黄盖真的来投降了，一点也未作戒备。当黄盖行至距曹军水寨只有 2 里远时，命各船同时点火，快速冲向曹军水寨。“万事俱备，只欠东风”，这一夜恰好东南风刮得正紧。风助火势，很快就把曹军的船只烧着了。大火还蔓延到岸上的营寨，曹军被烧死淹死的不计其数。周瑜、刘备又大举进攻，曹操只带少量残部逃走。周瑜大胜后继续追击，溯江西上，一直追到了江陵城下。

曹操在这一战中，损失兵力 10 万以上。因为这一仗，曹操便不能统一中国，而让孙权在江东立稳了足跟。刘备在这一战后也捞到了不少好处，他向周瑜借兵，乘机攻取了武陵（今湖南常德市）、长沙（今湖南长沙）、零陵（湖南零陵县）、桂阳（今湖南郴县）四郡，继而又向孙权“借”了荆州。最后夺取了四川，终于与曹操、孙权形成了三足鼎立之势。

淝水之战

东晋时代，北方的胡人你攻我伐，征战不休。氐（dī）族占据关中，建立了前秦，后来苻坚当上了前秦的皇帝，先后灭掉了前燕、前凉等国，统一了北方，占据了大半个中国。

只有南方的东晋仍自成一体，这使苻坚心里一直不快，总想要吞并东晋，统一天下。但他的文武大臣大部分都主张不可贸然从事，须谨慎而行。

左仆射权翼说："天下征战以讨伐无道昏君才师出有名，现在东晋王朝还不至于荒淫无耻，民众都还拥护他们，谢安、桓冲都是江南伟才，他们君臣和睦，上下同心，我们无机可乘。"太子左卫率石越说："东晋有长江之险，朝无昏贰之臣，只有待机而动才能马到成功。"

苻坚在朝中得不到大臣们的支持，闷闷不乐，总以为："我有劲卒百万，辎重如山堆积，我的军队每一个人丢一根马鞭子到长江里去，都可以堆成堤坝阻断江流，怕什么江湖险要，什么国灭不掉？"于是就找他的弟弟苻融来商量灭晋的事，心想别人不支持我，我弟弟总会和我一条心吧。不料苻融却说："我们的军队连年征战，将士疲劳，如果我们轻易出兵，恐怕难以取胜。再说，长安附近布满了鲜卑、羌、羯等族的人，他们并不是真正的归顺。倘若大军东下，关中恐有不测。那些劝皇兄不可轻易伐晋的人，真是忠臣啊！"

苻坚忍不下这口气，到第二年（晋孝武帝太元八年，公元383年）终于忍不住了，决定各州郡征发兵员，大举进兵，共调集了步兵60万，骑兵27万，号称百万雄兵。这时谁劝阻他也不行了，他任命苻融、慕容垂、梁成等人先行，自己主持中军后进，分东、中、西三路进发。水陆齐进，逶迤千里，气势非凡。

前秦的先头部队进展神速，旗开得胜。10月，苻融攻克寿阳（即寿春，今安徽寿县），慕容垂攻克郧城（今湖北安陆县），梁成率军5万屯扎于洛涧（河名，安徽定远县西，由洛口入淮河），横截淮河，阻拦着东西的晋军，并多次获胜。

东晋相继派出谢石、谢玄、桓伊、谢琰等人领兵8万，前往抵御秦兵，车骑将军桓冲率水陆军10万守御西线。

晋军行至离洛涧还有25里远的地方，怕受到秦将梁成的攻击而不敢继续前进。胡彬所部在硖石（山名，在今安徽凤台县西北，筑有防御工事）被苻融围困，军粮用尽，派人送信对谢石说："敌人势大，我军粮尽，恐怕再也见不到你们了！"不料此信被秦军截获，交给了苻融。苻融看了又派人报告苻坚，认为晋军并不难破，建议赶快发动进攻，以免晋军逃走。

苻坚接到报告之后，喜出望外，将大军留在项城，自率8000轻骑迅速赶到寿阳，对苻融说："晋军如知道我来到了这里，定要吓跑掉，那样我们就没法打他们了。现在我秘密来到这里，乘他们还不知道，抓紧时间决战。有人走漏了我来到的消息，拔掉他的舌头！”然后，苻坚派朱序（在襄阳被俘的东晋梁州刺史）去劝降谢石。然而朱序见到谢石，却将前秦方面的部署情况全部透露给谢石，并建议：“如果等百万秦军全部到达，晋军很难抵挡。现在应乘他们还没有全部集中，迅速发起攻击，只要挫败他们的前锋，秦军就不难对付了。”谢石听说苻坚到了寿阳，心里有些怕，打算用坚守不战的办法来拖疲对方。谢琰却劝谢石采纳朱序的建议，遣使请战。谢石思考再三，终于答应。

11月，谢石派刘牢之率领5000精兵进攻洛涧，秦将梁成隔涧布阵，准备迎战，不料遭到刘牢之夜袭，兵败身死。刘牢之又分兵截断该部秦军的归路，秦军争先恐后抢渡淮水，损失达1.5万人，大量军械物资被晋军缴获。谢石见首战告捷，即下令诸军水陆并进，直逼淝水（今安徽寿县东瓦埠湖至淮河的一段河流）。

苻坚听说梁成惨败，大为震惊，因为这实在出乎他的意料之外，又听说晋军乘胜前进，逼了上来，赶忙同苻融一起登上寿阳城楼观看晋军阵势，见晋军布阵严整、士气高昂，不由得更加惧怯而又疑忌，便埋怨苻融说：“这是劲敌啊！你怎么说他的人少，容易打呢?!”他遥望八公山（今安徽凤台县东南），只觉得“八公山上草木，皆类人形”，以为那些也都是晋兵。

这时，秦将张蚝在淝水东岸击破晋军一部，谢玄、谢琰以数万兵力相逼才赶走张蚝。苻坚便命以小将的军旗换下苻融的帅旗，以示秦军大将不在，诱使晋军前来交战。谢玄派人过河对苻融说：“请您把秦军稍向后撤，让晋军渡过淝水，两军再决一胜负。”秦军都说这是敌人的诡计，万万不可上当。苻坚却说：“我们可以稍退一步，等他们过河过到一半时再打。”

苻融只得指挥秦军后撤。晋军开始渡河时，苻融正要指挥发起攻击，苻坚却又变了主意，说：“我军长于步战，晋军长于水战，舍步入水，是以我之所短，击敌之所长，不是良策。我们不妨再等一等，待他们上了岸，再用骑兵砍杀不迟。”然而，秦军大部队一撤再撤，哪里指挥得好？不由得一阵大乱，而朱序又在阵后大叫：“秦军败了！秦军败了！”秦军都信以为真，纷纷乱逃。

谢玄、谢琰等率军过了淝水之后，立即展开猛烈攻击。秦军乱上加乱，再无斗志。苻融被晋兵所杀，苻坚也中了一箭，秦军失去指挥后，全线崩溃。谢玄乘胜追击，直抵青冈（今安徽省寿县西北）。秦军一败再败，自相践踏，尸横遍野，活着的人听到风声鹤唳，也以为是晋兵的喊杀之声。

这一战，秦军伤亡十分之七八，苻坚仓皇逃至淮北。晋军在这一战大获全胜之后，国运转危为安。前秦则因苻坚已败，各路大军相继撤回北方。从此，前秦逐渐陷于分崩离析的境地，士气一蹶不振。

外国战役

君士坦丁堡战役

1453 年，奥斯曼土耳其帝国灭亡拜占庭帝国的攻城战。

15 世纪初，衰落的拜占庭帝国领土，只剩下首都君士坦丁堡及其附近若干城市，以及被土耳其军队切断了联系的伯罗奔尼撒地区，君士坦丁堡实际上已是一座孤城。

1453 年年初，土耳其苏丹穆罕默德二世亲率步兵 7 万多，骑兵 2 万多，战舰 320 艘，从海陆两面包围并企图占领君士坦丁堡，彻底灭亡拜占庭帝国。

君士坦丁堡位于博斯普鲁斯海峡西岸的一个海岬上，整个城市呈三角形，北面是金角湾，南面是马尔马拉海．沿海地区筑有防御工事，金角湾有两层城墙。城外是一条深 100 英尺（1 英尺 =30. 48 厘米）的壕沟。城内驻军仅 9000 人左右，海上有一支由 20 多艘大帆船组成的舰队。

1453 年 4 月 6 日，土耳其军队从西面发动对君士坦丁堡的强攻，他们用火炮、攻城锤和投石器猛烈破击城墙，并填平壕沟，架设云梯，还在城墙下挖掘坑道。君士坦丁堡军民在皇帝君士坦丁十一世帕莱奥古斯率领下顽强抵抗，粉碎了土军从西面的进攻。拜占庭帝国的海上援军也冲破了土耳其军在海峡上的封锁。穆罕默德二世改变进攻策略，他买通热那亚商人，假道热那亚人所控制的加拉太地区，潜入金角湾内，以便水陆夹击。他调动军队 5 万，并在博斯普鲁斯海峡和金角湾之间铺设一条长 1.5 千米的圆木滑行道，然后在一夜之间将80艘轻便帆船拖上海峡岸边，用人、畜和滑车拉过山头，再从斜坡上滑进金角湾。又在金角湾最窄处架设浮桥，在桥上配置了火炮。

5月29日，土军从海陆两面对君士坦丁堡发起总攻，一面在金角湾用火炮破坏防御工事和轰击防守船只；在西面，穆罕默德二世指挥数万军队从多处突人城堡。君士坦丁堡军民浴血奋战，誓死保卫城堡，但终因寡不敌众，弹尽粮绝，城堡最后失陷，延续了上千年的拜占庭帝国至此灭亡。此战是当时比较典型的一次要塞攻防战。

拿破仑战争

1789～1794年，法国爆发资产阶级大革命，摧毁了统治法国200年之久的波旁王朝，年轻炮兵中尉拿破仑·波拿巴，凭借其显赫的战功登上了权力的顶峰。拿破仑威震欧洲大陆近20年，他把整个欧洲作为他的军事活动舞台，亲自指挥过50多次战役，半数以上的战役他都能以少胜多，在世界军事史上写下了重要的一页。

1793年，雅各宾派专政时期，24岁的拿破仑中尉以出色的军事才能和勇敢精神粉碎了法国南方土伦王党的叛乱，破格被提升为少将旅长。1795年10月，王党分子在巴黎发动叛乱，执政的热月党头目起用了精通炮兵战术的拿破仑。10月5日，拿破仑用猛烈的炮击，无情果断地镇压了叛乱，被称为葡月将军。1796年，拿破仑被派往意大利边境，去指挥进攻奥地利的军队。4月9日，拿破仑的远征军越过阿尔卑斯山天险，横扫意大利，获得全胜，俘敌15万，迫使奥地利签订和约，为扑灭法国革命而建立的第一次反法联盟至此瓦解。

1797年12月，拿破仑作为资产阶级的英雄和“常胜将军”凯旋巴黎。第二年，拿破仑又受命远征埃及，企图切断英国通往其殖民地印度的交通线，并最后夺取印度。但由于英国舰队在地中海尼罗河口的阿布吉尔海角将法国舰队全部歼灭，使拿破仑得不到援军和给养，一时困厄在埃及。

正当拿破仑远征东方期间，英、俄、奥、土耳其、那不勒斯等国又集结在一起，组成第二次反法联盟。1799年3月，反法联盟从意大利、瑞士、荷兰三面大举进攻法国。法国连遭失败，国内民主运动又重新高涨，王党势力也在图谋东山再起，这一切使得热月党人建立的督政府的统治摇摇欲坠。拿破仑立即回国夺取政权。8 月 23 日，他把军队指挥权交给克莱贝尔将军，自己率领 500 名精兵，分乘两艘小舰穿过遍布英国船只的地中海，于 10 月 16 日到达巴黎。大资产阶级把他当作救星予以热烈欢迎。11 月 19 日，拿破仑发动政变，推翻了督政府，建立起独裁统治。

拿破仑统治时期，对外战争连绵不断。1800 年 5 月，拿破仑与第二次反法联盟重新开战。他率领 2 万人马出其不意穿越险峻的大圣伯纳德关口，只用了 7 天时间就越过阿尔卑斯山，进入意大利境内。6 月 14 日清晨，法国与奥国两军主力在马伦戈相遇。经过一天激战，法国获得全胜，意大利北部重为法国所占领，第二次反法联盟也以失败而告终。

1804 年 5 月 28 日，拿破仑称帝，称拿破仑一世；并把法兰西共和国改为法兰西帝国。1805 年 4 月，拿破仑向英、俄、奥、瑞典、那不勒斯等国组成的第三次反法联盟开战。他放弃了入侵英国的计划，率领大军挥戈向东，迎战反法联军。不到 20 天时间，法军就从英吉利海峡赶到多瑙河。10 月 20 日，在德意志境内的乌尔姆迫使奥军投降。接着，法军长驱直入，在 11 月 13 日攻下了奥国首都维也纳，然后奔袭俄奥联军主力。俄奥联军于 11 月 22 日退到维也纳东北的奥里缪茨，在这里与前来会师的 5 万名俄军汇合。这时俄国统帅库图佐夫建议联军继续东撤等待战机，而刚愎自用的俄国沙皇亚历山大一世却决定在奥里缪茨以南同法军会战。他认为联军此时已达 8.6 万人，而法军只有 7.3 万人；联军有火炮 350 门，而拿破仑只有 250 门，普鲁士国王也已同意出兵。拿破仑担心普鲁士 10 万军队开来，法军必然腹背受敌。他决心赶在普军到来之前结束战争。

为了诱使联军决战，拿破仑故意示弱。他派自己的侍从武官萨瓦里去见沙皇，低三下四地请求休战、议和。俄奥联军得意忘形，他们以为拿破仑胆怯了。

12 月 2 日清晨，奥斯特利茨会战开始。俄奥联军的计划是切断法军去维也纳和多瑙河的退路，全歼法军于布隆地区。拿破仑将计就计，决定趁联军迂回之际，实施中间突破，将其割裂各个击破。拿破仑让只有 1 万人的薄弱右翼向后撤退，牵制联军主力左翼，其目的是引诱敌人主力从有利于防守的普拉岑高地上下来包抄法军右翼，这样一来联军战线就拉长了，将左翼暴露出来。拿破仑抢占了普拉岑高地后，立即把炮兵配置在那里，对联军主力猛烈轰击。联军左翼司令官布克斯赫夫登不明情况，还在继续向前进攻，结果联军被法军分割包围，部队失去指挥，一片混乱，大部分被压迫到萨千湖上。法军又用大炮猛轰湖面，冰层塌陷，联军无数人马葬身湖底。这一战，俄奥联军死亡达 1.2 万人，被俘约 1.5 万人；法军损失6800 人。

奥斯特利茨战役一举摧垮了第三次反法联盟。它是拿破仑戎马生涯中最辉煌的一次胜利。这次战役后不到 24 小时，奥国即行求和，神圣罗马帝国从此灭亡。

英国于 1806 年 9 月又拉拢俄国、普鲁士等国组成第四次反法联盟。拿破仑得知后主动出击，10 月 14 日在耶拿的战役中大败普军。与此同时，拿破仑的部将达乌元帅在奥尔施泰特（在耶拿以北）以 1∶2 的劣势兵力打败普军主力。拿破仑开始了无情地追击，直捣柏林，普王威廉三世狼狈地逃亡东部边境。1807 年 2 月 8 日，拿破仑在艾劳以突然袭击的正面进攻，击溃了俄军。拿破仑于 6 月又突破了弗里德兰附近的俄军主要防线，给俄军以沉重打击。沙皇遭此惨败，不得不向法国求和。1807 年 7 月，俄法签订《提尔西特和约》。俄国答应结束同英国的合作，而与法国结成同盟，共同瓜分世界。

1809 年，英国同奥国组成了第五次反法联盟。在战争中，法军接连 5 次打败奥军。1809 年 7 月在维也纳东北的瓦格拉姆战役中，法军击垮奥军主力。奥国被迫议和，向法国割地赔款。这时的法兰西帝国表面上盛极一时，已统治欧洲 7500 万人口，其领土面积相当于法国本土的 3 倍，但这也是拿破仑走向衰落的开始。他为了拔除他统治整个欧洲的最后障碍，决定征服俄国。

1812 年 6 月 23 日夜，拿破仑不宣而战，率领 60 万大军渡过了俄国边境上的涅曼河，入侵俄国。拿破仑指望用速战速决的办法战胜俄国，但俄军却一直后撤，避免和法军的总决战。拿破仑每占领一个地方，不得不分散兵力来防守。

亚历山大一世为了协调各路军队的领导，不得不起用他所不喜欢的库图佐夫为俄军总司令。这时的库图佐夫已是67岁高龄的老人，他关心士兵疾苦，平易近人，具有高超的军事指挥才能，在俄军中享有很高的威望。库图佐夫就任总司令后，首先分析了法俄双方的情况，认为法军兵力虽然有所耗损，但还有18万人，较之俄军仍占有优势，因而俄军必须保存军力，不断扩充后备力量等待时机准备反攻。9月3日，俄军退到波罗底诺。两天后，法军主力也进抵该地西南的瓦卢耶瓦与俄军相对峙。出于战略考虑，库图佐夫决定在波罗底诺进行一次会战，以进一步削弱法军兵力。

波罗底诺位于莫斯科以西约120千米处，附近有大道直逼莫斯科。这里地形起伏，多丛林，有几个小高地瞰临战场。会战开始时，俄军兵力有12万多人、640门大炮，法军有13.5万人、大炮587门。库图佐夫的设想是积极的防御，尽量杀伤敌人，改变双方力量对比，为尔后的战斗和反攻作好准备。根据这个作战意图，库图佐夫布置了一个纵深防御体系：阵地正面宽约8千米，纵深约7千米；部队成三线配置（第一线为步兵，第二线为骑兵，第三线为预备队）。俄军2/3的兵力集中在右翼，以控制通往莫斯科的斯摩棱斯克交通要道。

9月5日，拿破仑主力到达瓦卢耶瓦。当天中午，拿破仑投入4万兵力、186门大炮，经过半天的激战，攻占了俄军左翼阵地前沿突出部的舍瓦尔丁诺多面堡，以解除对法军侧翼的威胁。

9月6日，双方进行会战准备。9月7日晨5时，法军在猛烈的炮火的支援下，对俄军正面中部的波罗底诺村实施佯攻，并一举攻克。主攻则指向俄军左翼，俄军打得极其顽强，拿破仑集中4万兵力、400门大炮，在中午时分开始了第八次攻击。双方短兵相接，战斗十分激烈。最后，库图佐夫主动放弃了波罗底诺阵地，前后持续12小时的会战到此结束了。

拿破仑打赢了这一仗，法军损失约3万人，损失了40余名优秀将领；俄军英勇作战，亡5.2万人、20余名将军。战后，在波罗底诺战场上共焚烧双方的尸体达8.5万具、死马3.54万匹。

鉴于法军兵力仍处于优势，反攻时机尚未成熟，库图佐夫率俄军继续向东转移。他决定放弃莫斯科并把城市付之一炬。拿破仑很快发现自己的四周全是废墟，莫斯科3万多座房屋只剩下5000座。拿破仑在莫斯科停留了35天。俄国人既不进行他所期待的总决战，又拒绝和谈。法军由于补给奇缺、疾病、严寒等威胁，兵力不断削弱，处境益发困难。拿破仑只好带着掳掠的财富和辎重从莫斯科撤出。俄军对退却法军实行多路平行追击，不断杀伤其力量。当困苦不堪的法国人在雪地里艰苦跋涉并企图渡过别列齐纳河时，又遭到哥萨克骑兵的攻击，最后只剩下2.7万名残兵败将逃离了俄国。

1813年3月，欧洲各国利用拿破仑远征俄国失败之机组成了第六次反法联盟。10月17日到19日，拿破仑与各国联军在莱比锡进行了决战，双方共投入60万兵力，联军人数比法军多出一倍。在大战方酣之际，拿破仑的盟军萨克森军队突然宣布倒戈，使拿破仑更加寡不敌众，遭到惨败。1814年初，85万联军进抵法国边境，3月31日进入巴黎，拿破仑被迫宣布退位，被囚禁在地中海的厄尔巴岛上。波旁王朝在联军刺刀的保护下复辟了。拿破仑利用法国人民对复辟王朝的不满情绪，经过周密准备，于1815年2月26日晚，带领1050名官兵，离开厄尔巴岛，登上7艘小舰悄悄出航。他们巧妙地躲过了英国和法国的巡逻舰，3月2日在法国儒安港登陆，于3月20日晚上9时进入巴黎。当时，整个欧洲还没有从这突如其来的震惊中清醒过来，竟让拿破仑不费一枪一弹，只用了20天时间，就重建了帝国。复辟王朝国王路易十八仓皇逃往法、比边境。

正在维也纳集会的欧洲各国君主闻讯立即组成了第七次反法联盟。拿破仑也在仓促间召集了一支近20万的大军前往迎敌。双方在比利时的滑铁卢，进行了最后一次决战。

滑铁卢位于布鲁塞尔以南20千米处。拿破仑正确估计到联军在7月1日前是不可能完成进攻准备的，因此，他决定争取主动，先下手击溃英国和普鲁士的军队，不让他们会合在一起。6月16日，拿破仑在林尼附近击退布吕歇尔率领的普鲁士军队，并命令格鲁希元帅率领步兵3.3万人追击普军。布吕歇尔采用一种新奇的“逃跑战术”，他忽东忽西，使法军对他欲擒不能、欲罢不忍，不得不分散有限的兵力“疲于追赶残敌”。

普军在退却路上故意丢下一些辎重和装备，使格鲁希义竟认为布吕歇尔真的溃不成军，不堪一击。而布吕歇尔摆脱法军追击后即与英军元帅威灵顿军会合。由于格鲁希未能拖住和歼灭布吕歇尔的普鲁士军队，最后造成拿破仑的失败——他将被迫同普英两路敌军同时作战。6 月 18 日，英、法两军在滑铁卢以南的圣让山下相遇。拿破仑确信格鲁希肯定能阻截布吕歇尔，所以没有急于向占有山下有利地形的威灵顿军队发起攻击。11 时拿破仑决定对威灵顿的左翼发动主要突击，以防止普军与英军会合。法军首先对威灵顿的右翼实施佯攻，但遭到英军顽强抵抗，下午 2 时许，法军开始进攻英军左翼。由于法军排成大纵深队形，因而同时发起攻击的能力有限，英军顶住了法军 4 次排山倒海般的攻势。战斗进行了 4 个多小时，双方都已精疲力竭，英军渐渐不支。在这关键时刻，布吕歇尔元帅突然率领 3 万名普鲁士军队出现在法军阵地的右前方。威灵顿及时抓住战机，在黄昏来临的时候发起总攻，法军支持不住，开始退却，不久退却变成了逃跑。拿破仑被彻底地打垮了。这场血腥的厮杀持续了整整 24 小时，战场上留下了 2.5 万具法国士兵和 2.2 万具联军士兵的尸体。

滑铁卢战役最后结束了拿破仑的政治生涯，1821 年 5 月，拿破仑死在被反法联军流放的南大西洋的圣赫勒拿岛上。

凡尔登战役

第一次世界大战初期，德国妄图击溃法国，但经马恩河大战，双方形成对峙局面，打起了消耗战。

1916 年，德国又把主力转向了西线。2 月 21 日，德军用前所未有的火力和毒气向法国凡尔登要塞发起攻击。凡尔登是当时法国修筑的最大要塞，位于法国东北部，靠近法德边境，有 16 条铁路和公路通过凡尔登，它是法国前线最大的交通枢纽。凡尔登也是通向巴黎的要冲，又是法军全线的支柱。因此，法军视为必守之地，守备兵力不断增加，配置了 600 多门火炮（其中重型火炮 244 门）。法军在这里构筑了四道防御阵地，纵深达 15 ~ 18 千米。前三道防御工事是野战防御阵地，第四道防御阵地由凡尔登要塞的永久工事和两个堡垒地带组成。法国人认为这是一个不可能突破的据点。而德军总参谋长法金汉却偏偏选定它作为突破目标。声称要使凡尔登成为

"碾碎法军的石磨"，打击法军的士气，动摇法国人的信念，促成法国的全面崩溃。德军为夺取凡尔登，配备了强大的阵容：兵力共有5个集团军、17个师、27万人，由威廉皇太子指挥；配备1204门火炮，其中重型火炮683门；还有168架飞机。

21日晨，在步兵发起进攻前，德军先进行了10个小时的炮击。在强大的炮火轰击后，步兵开始冲击，德军以为炮火已消灭了所有法军工事上的活人，没料到法军还坚守着阵地并加强反击。但是，德军还是占领了第一道阵地。

22日到25日这4天中，德军又攻占了两道阵地和杜奥蒙炮台。法军阵线被切成数段，凡尔登的形势十分危急。

在这紧急的时刻，法军总指挥霞飞于2月25日命令第二集团军司令贝当投入交战。贝当把前线分成若干防区，同时组织庞大的筑路队和运输队，沿着巴勒迪克城到凡尔登的惟一的一条公路，调集大量援军和物资。自2月27日到3月6日，平均每24小时就有6000辆卡车通过这条公路，有19万人的部队和17万头供拖拽之用的牲畜送到了前线，从而开创了大规模汽车运送人力物力的先例。法、德两军都在不断增加兵力，拼命反复冲杀，形成拉锯战。

从3月5日起，德军将原来15千米进攻正面扩大到30千米，把主要攻击矛头转向默兹河左岸，并由急促的冲击改为稳步的进攻。此时，一个偶然的偏弹使法军逐渐赢得优势：在4月初双方的一次混战中，法军的一发偏弹，无意击中了隐藏在斯潘库尔森林里的德军秘密弹药补充基地，引起这次大战中最大一次爆炸，一下子把德军已装上信管的45万发大口径炮弹全部销毁。德军无数大炮无弹可发，瘫痪在阵地上。法军抓住这一时机，逐个炮击德军的炮兵阵地，粉碎了德军采用的"炮兵摧毁、步兵占领"的作战方案。从2月下旬到4月这70个昼夜里，德军总共只推进了6~7千米。6月23日，德军以20个师的兵力再次发动强大攻势，但始终未能突破法军最后一道防线。

凡尔登战役打得十分激烈。双方都不断投入新的兵力，成了一场大消耗战。一直到8月，德军仍未能摧毁法军的防御。德军作战6个半月，仅楔入法军防御纵深 7 ~ 10 千米。1916 年 10 月 24 日，法军用 17 万人的军队，配以 700 多门火炮和 150 架飞机，进行大规模的反击，夺回了杜奥蒙炮台。从那时起，德军被一米一米地打了回去。

凡尔登战役中，由于双方都广泛使用了迫击炮、轻机枪、掷弹筒和喷火器，伤亡都很大。德国共投入了 46 个师的兵力，法国投入交战的兵力为 66 个师，双方伤亡 100 万多人。史称这场恶战为“凡尔登绞肉机”。弹药的损失更为惊人，10 个月的残杀中，双方发射了 4000 多万发炮弹，还有难以计数的子弹；战场上竟有炸成 10 层楼深的大坑。凡尔登战役是第一次世界大战的转折点，它标志着德国的军事进攻能力已从顶峰走向下坡路。

斯大林格勒保卫战

莫斯科战役之后，漫长的苏德战线相对地沉寂下来。双方都在秣马厉兵，准备更大规模的战役，以争夺战略主动权。这时的德军已无力在苏联发动全线进攻，被迫将兵力集中于南线，准备进攻斯大林格勒。

斯大林格勒位于伏尔加河岸上，原名察里津。1918 年，斯大林保卫察里津，粉碎了邓尼金叛乱和外国帝国主义的武装干涉，为捍卫年轻的苏维埃国家作出了重大贡献。1925 年，苏联人民为表彰斯大林的功绩，将察里津命名为斯大林格勒。斯大林格勒是苏联南部的工业重镇和战略要冲。它西通顿涅茨工业区，南连高加索库班产粮区和巴库油田，东接乌拉尔新工业区和苏军战略预备队的集结地，北达莫斯科。希特勒如果攻占了斯大林格勒并夺取苏联丰富的经济资源和战略物资，就必将大大加强希特勒的战略优势。希特勒将和日本法西斯一起，造成东西夹击的局势，一举灭亡前苏联，进而集中力量对付美英和中国，实现其称霸世界的野心。因此，进攻斯大林格勒是希特勒打击前苏联要害的战斗。希特勒进攻斯大林格勒的战役计划是：首先占领顿河与伏尔加河之间的狭窄地段，切断前苏联南北交通。占领斯大林格勒后再分兵两路：一支沿伏尔加河北上直取喀山，包围莫斯科；另一支军队向东南推进，夺取巴库油田，占领高加索，越过伊朗，南出波斯湾，与日本军队在印度洋会师。

这次南线攻势，希特勒集中了 150 万人的兵力，并把在北非作战的一部分飞机和坦克都抽调过来了。弗赖赫尔·冯·威克斯将军指挥的“B”集团军群担任对斯大林格勒的主攻，至7月中旬，其兵力共13个师27万人，火炮和迫击炮有3000门，坦克有500辆，另有1200架作战飞机。以后，希特勒又陆续投入了大量的兵力。

前苏联的作战方针是：先诱敌深入，再顽强抵抗，消耗敌人力量，积极创造条件，最后转入反攻。前苏联最高统帅部为了保卫斯大林格勒，于7月12日组建了由铁木辛哥元帅指挥的新的斯大林格勒方面军，配置在总长520千米的顿河大河弯曲防线上。战役开始时，红军总共有12个师、16万人、火炮和迫击炮2200门、坦克约400辆、飞机454架，还有100多架轰炸机。双方力量对比，德军人员比苏军多0.7倍，炮兵和坦克多0.3倍，飞机多1倍多。

面临强敌，斯大林格勒军民严阵以待，全城构筑了4道防御围廊，军民加强城市消防工作，共组织了83个民兵歼敌营，协同主力部队作战；居民也做好了坚持敌后斗争的准备。

1942年7月17日，德军向苏军前沿阵地发动猛烈攻击，遭到苏军的顽强抵御和坦克的反突击。7月底，德军终于冲到顿河边。德军统帅部意识到单靠“B”集团军群的现有兵力不足以攻下斯大林格勒，就从高加索调来坦克第四集团军，从南面攻打该城。德军不断以强大的坦克部队和优势兵力向苏军频频猛攻，终于在8月23日强渡顿河河曲，出现在斯大林格勒市区以北的伏尔加河河岸，对市区造成严重威胁，并把苏军分割成两部分。与此同时，德军对市区进行轮番的狂轰滥炸，平均每天出动上千架次飞机，投下了总共100多万颗炸弹，使城市变为一片焦土。

9月12日，德军从西面和南面逼近了市区。第二天，德军发动了第三次也是最猛烈的一次进攻。9月14日下午，德军突破了苏军防线，蹿入了市中心。激烈的巷战开始了！德军为抢占市区，动用了13个师约17万人的兵力、500辆坦克、1700门大炮和迫击炮。守卫市区的苏军共9万人，配有1000门大炮和迫击炮、120辆坦克。德军占有明显的优势。但斯大林格勒的保卫者们顽强抗击，与冲进市区的德寇进行殊死的战斗。

战斗进行到11月18日，德军的全部后备力量已经消耗殆尽；第一线的主力打得精疲力竭，寸步难行。德军被迫转入了防御。从7月开战到11月，德军共死伤70万人，损失坦克1000余辆、火炮和迫击炮2000多门、飞机1400余架。希特勒企图迅速攻占斯大林格勒的计划和整个1942年夏秋的战役计划均告破产。

在最高统帅部代表朱可夫和华西列夫斯基的主持下，苏军制定了反攻计划，为反攻的到来作了大量准备工作。苏军为大反攻调集了110.6万人的兵力、火炮和迫击炮1.55万门、坦克和自行火炮1463辆、作战飞机1350架。而此时的德军“B”集团军群虽经几次增援已处劣势，作战人员比苏军少10万人，火炮和迫击炮少5000多门，坦克和自行火炮少700多辆，作战飞机少100多架。

1942年11月19日清晨，苏军西南方面军首先在斯大林格勒西北面发起攻击，2000门大炮同时轰响。到天黑时，苏军已向纵深推进25～30千米。11月20日，苏军又在南面发起进攻。22日晚，苏军坦克第26军先头部队抵达顿河大桥附近，发现德军在桥上设有重兵守卫。苏军指挥官菲利波夫中校决定实行一项大胆的计划。他命令坦克车打开车灯，大摇大摆地向前冲。德军守兵看到几十辆坦克排成一字长龙，还以为是前来增援的德军，因此予以放行。苏军坦克一过桥立即开火，歼灭守桥德军，卸下德军在桥上安放的爆炸装置，然后打起两颗绿色信号弹，让后续部队放心过桥。11月23日，从西北和南面发起攻击的两支苏军在卡拉奇、苏维埃茨基、马里诺夫卡地域会师，完成了对德军保卢斯军团33万人的合围，然后逐渐压缩合围圈。德军统帅部虽组成解困军团增援被围德军，企望突破苏军合围，但均被阻。

此时，苏军已掌握了制空权，德军无法从空中运输粮食、弹药和援军。包围圈内仅有的德军空军基地皮特姆尼克机场也被苏军占领。苏军利用机场的照明和无线电导航设备，巧妙地欺骗德军飞行员。当时，他们还不知机场已为苏军所占，几十架降落下来的德国飞机旋即成为苏军的“笼中之鸟”。

1943年1月8日，苏军发出最后通谍，敦促保卢斯投降，保卢斯请示希特勒后拒绝投降。1月10日8时50分，苏军以猛烈的炮火和空袭向包围圈内的德军实施进攻，不断向包围圈内推进。26日晚，德军被分割为南北两个部分：南集群军由保卢斯指挥，北集群军由史特勒克尔指挥。1月30日，保卢斯电告希特勒："部队将于24小时内最后崩溃。"希特勒赶忙发电，给那些绝望挣扎的法西斯军官晋爵，授予保卢斯以"元帅"军衔，其他117名军官也晋升一级。第二天，保卢斯及其司令部全体官兵，在中心百货商店的地下室被俘。2月2日，北集群军也投降了。

与此同时，在斯大林格勒附近的德军第六集团军和坦克第四集团军、罗马尼亚第三、四集团军、意大利第八集团军皆被苏军击溃，灰溜溜地撤离伏尔加河，向西溃退。

斯大林格勒之战不但是苏联卫国战争的转折点，也是第二次世界大战的转折点。这次战役的胜利，大大提高了苏联的国际威望和国际地位，鼓舞了全世界人民的反法西斯战争。

诺曼底登陆战

1943年11月28日至12月1日，苏美英三国首脑斯大林、罗斯福、丘吉尔在伊朗首都德黑兰举行会谈，主要讨论了关于在欧洲开辟第二战场的问题。

三国决定实施名为"霸王"的作战计划。斯大林提议第二战场在西欧开辟，得到美国总统罗斯福的支持，最后三国商定，"霸王"战役应于1944年5月发动。

1944年1月14日，艾森豪威尔飞抵伦敦，成立了盟国远征军最高统帅部，全面展开"霸王"战役的各项准备工作。

诺曼底地区虽离英国较远，有140千米左右，没有良好港口，但附近有瑟堡港，可以提供海上支援，更为重要的是德军在这里防御薄弱，海滩地带宽阔，可以容纳二三十个登陆师，而且陆上地形起伏不大，便于向纵深发展。盟军决定把它作为登陆点。

由于诺曼底地区没有海港，为保证顺利登陆，必须构筑大型人工海港，以使船舶停靠。英国海空工程专家经过反复研究，发明出一种预制的海港堤岸。这种预制的堤是一个用钢筋混凝土浇铸的巨大空心块，准备登陆时由船只拖到诺曼底海滩上，拼接成一道道堤岸，然后拔出空心块的塞子，使之沉到海底。由于这种混凝土块又高又大，沉到9米多深的海底后，还能露出海面9米多，足够船舶停靠之用。盟军一共造了200多块各种形状的空心块，其中最大的有18.3米高、17米宽、61米长、重达6000吨，和一幢五层楼房相仿。

盟军在登陆战中使用许多新式坦克，其中最重要的是一种谢尔曼式的坦克。这种坦克重33吨，可以在海中凭借自己的发动机游动和驶上海岸。这样可以大大增加登陆时的攻击力量，摧毁德军的防线。

盟军的登陆器材和军队都隐藏在英国南部各港口待命。到开战前夕，那里已集中了287万大军、5000多艘船舰和1.3万多架飞机。

登陆战前，盟国空军对德国及其占领区进行了大规模的战略轰炸，共投了36.6万吨炸弹，集中摧毁其重要交通枢纽、石油、航空工业和空军的基地以及警戒雷达系统。同时，盟国海军加强反潜活动，封锁英吉利海峡，在预定登陆部队航线的两侧设置了水雷。

为配合这次登陆，盟国还进行了各种各样的掩护活动。英国情报部门，故设疑兵之计，派人到中立国收集加莱地区的地图；还设立了一个“伦敦控制小组”的机构，专门从事欺骗德国人的工作，传播假情报，制造许多假象。就在发起诺曼底登陆战的前夕，盟军又在佯攻方向的加莱附近海域组织大规模的电子干扰活动，出动大量拖着铝粉气球的小艇，小艇上的反射电波之强使德军雷达观察员误认为是大军舰在活动。同时，盟军还故意在预定伞降地域的两翼，投放装有音响装置和实弹射击模拟器的假伞兵。当这些假伞兵接近地面时，即发出同真实战斗一样的音响，诱使德军包围伞降地域。这种奇怪的伞降接连搞了几次，德军只搜索到一些假伞兵，于是在思想上开始麻痹起来。盟军空降部队利用德军的麻痹状态，于6月6日登陆战打响时正式而顺利地实施了空降任务。

这一切骗过了德国。希特勒对盟军登陆的方向和时间都作了错误的判断。他以为盟军在英国东南部已集结了92～97个师的兵力，准备在7月进攻加莱，因此他把德军最精锐的军队集中在加莱地区，设置了有6千米纵深的防御地带；加莱一带的海滩中又放置大量障碍物和三道水雷区。而在诺曼底，希特勒却只部署6个师又3个团的兵力，防御力量和构筑工事薄弱。

诺曼底海滩虽有一些障碍物，但塞纳湾中未布设水雷。

盟军最高统帅部预计6月5日横渡英吉利海峡，但从4日起天气开始突变，海面上刮起了6级以上的大风，登陆艇只好返回港口待机。美国气象学博士斯塔格上校预报，从6日晨到8日之间将出现一个短期适合登陆的好天气。艾森豪威尔当机立断，于6月6日早晨6时30分登陆。德军未能掌握这一气象变化情况，仍认为盟军不可能在这样恶劣的气候条件下登陆。防守诺曼底的德军“B”集团军司令、北非阿拉曼战役的败将隆美尔元帅还在德国休息，对盟军的登陆准备一无所知。

6月6日凌晨，英美军3个空降兵师在2219架轰炸机的支援下，搭乘2395架飞机与847架滑翔机，在诺曼底海岸实施空降着陆，正式拉开诺曼底登陆战的序幕。由大批船舰运送的盟军登陆部队也开始在各个滩头强行登陆；1000多架飞机和海军大炮同时向德军防线猛轰。奥马哈滩的登陆战最为激烈，尽管如此，仍有3.4万人登上岸，伤亡仅2000人。盟军在各登陆点肃清敌军后，迅速向前推进，到6日夜晚，已有13万余人上岸。12日，盟军占领的5个滩头连成一片，有32万余人上岸，建立了巩固的登陆场。至7月5日，登陆部队超过100万人，并把大量武器、车辆和物资运送上岸。7月18日，登陆部队已增至36个师150万人、各种车辆33万辆、作战物资160万吨。盟军的登陆任务终于顺利完成了。

面临盟军的攻击，德军的指挥系统相当混乱，内部矛盾重重。部署在英吉利海峡沿岸的7个装甲师，表面上受隆美尔指挥，实际听命于专门用来节制隆美尔的西线总司令部及其装甲群调度。在盟军登陆后的一段时间内，德军竟没有一个装甲师能够发起反击。一直等到3天以后，德军装甲师才相继投入战斗。这时，盟军早已在滩头站稳了脚跟。仓皇从德国赶来的隆美尔，再调兵遣将时已经太迟了。盟军经过长时间的战略轰炸和反潜战斗，使德军完全丧失了制海权和制空权。希特勒鼓吹的“大西洋壁垒”彻底被打破，隆美尔也在战斗中身负重伤，败阵而去。

诺曼底登陆战胜利后，盟军于7月25日开始向内陆大规模推进。8月25日，在起义的巴黎人民的配合下，盟军开进了巴黎。法西斯德国在西欧的防线全面崩溃。